RAYMOND POINCARÉ

PRÉSIDENT DU CONSEIL, MINISTRE DES FINANCES

LA RESTAURATION FINANCIÈRE DE LA FRANCE

Discours prononcé à la Chambre des Députés
les 3 et 4 février 1928.
Avec 12 annexes et 2 graphiques en couleurs

PAYOT, PARIS

LA RESTAURATION FINANCIÈRE
DE LA FRANCE

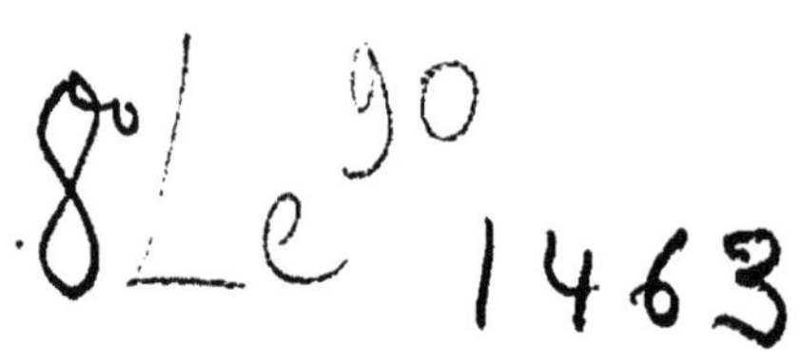

RAYMOND POINCARÉ

PRÉSIDENT DU CONSEIL, MINISTRE DES FINANCES

LA RESTAURATION FINANCIÈRE
DE LA FRANCE

Discours prononcé à la Chambre des Députés
les 3 et 4 février 1928

Avec 12 annexes et 2 graphiques en couleurs

PAYOT, PARIS

106, BOULEVARD ST-GERMAIN

1928

LA RESTAURATION FINANCIÈRE
DE LA FRANCE

CHAPITRE PREMIER

L'EVOLUTION DE LA SITUATION FINANCIERE DE JUILLET 1926 A JANVIER 1928

I. — ORIGINE DES DIFFICULTÉS FINANCIÈRES FRANÇAISES D'APRÈS GUERRE

M. RAYMOND POINCARÉ, *président du conseil, ministre des finances*. Je comprends que, dans le large débat financier qui se déroule devant la Chambre, les divers orateurs qui se sont succédé à cette tribune aient cédé à la double tentation de se tourner tantôt vers le passé, tantôt vers l'avenir et d'interroger le Gouvernement sur ses actes et sur ses intentions.

Je ne me déroberai pas, moi-même, à l'examen des questions que nous avons réglées et à l'étude de celles, fort nombreuses encore, qui restent posées devant nous.

En effet, messieurs, pour éclairer la recherche des solutions futures, il n'est certainement pas inutile de rappeler les problèmes déjà résolus, de mesurer exactement le chemin que nous avons parcouru et, suivant une juste expression dont s'est servi, à cette tribune, l'honorable M. Lamoureux, de faire le point, avant de reprendre notre marche.

Mais je dis tout de suite qu'en jetant un coup d'œil en

arrière, je m'en tiendrai, autant que possible, à l'œuvre accomplie par le Gouvernement et par les Chambres, depuis la fin de juillet 1926.

Je m'abstiendrai, en tout cas, systématiquement, de toute polémique rétrospective visant soit la législature précédente, soit les deux premières années de celle-ci. (*Très bien! très bien!*)

Il a été présenté hors d'ici, à propos de ces deux périodes, des critiques contradictoires mais également sévères. Je ne chercherai pas à repousser celles qui pourraient m'atteindre. Je ne chercherai pas à utiliser celles qui pourraient me servir. Je me suis consacré, en étroite collaboration avec tous mes collègues du cabinet, à une entreprise de rapprochement et de concorde; je ne dirai pas un mot qui la puisse compromettre. (*Applaudissements au centre, à droite et sur divers bancs à gauche.*)

Je demande seulement à ceux qui, dans cette Chambre ou au dehors, me mettent en cause, quelquefois avec une certaine malice, et qui espèrent peut-être m'embarrasser par leurs allusions à des années écoulées, de ne pas prendre mon silence pour une approbation totale de leurs idées. (*Sourires.*) Non, je garde mon opinion, mais j'estime qu'il serait vain et peut-être funeste de poursuivre aujourd'hui de longues querelles sur des temps qui ne sont plus, alors surtout que le présent et l'avenir nous imposent encore de si lourds devoirs. (*Applaudissements.*)

D'ailleurs, M. Bedouce a très loyalement dit la vérité à l'une de nos dernières séances, lorsqu'il a remarqué que les difficultés rencontrées par les ministères successifs avaient été avant tout la conséquence fatale de la guerre et du retard mis tout d'abord par l'Allemagne au payement des réparations.

M. Bedouce a, il est vrai, ajouté qu'il regrettait que, pendant la guerre, on n'eût pas appliqué plus tôt et plus énergiquement des impôts nouveaux et notamment l'impôt sur le revenu, mais M. Bedouce sait, je pense, que, durant tout au moins les premières années des hostilités, ses amis socialistes et les plus éminents d'entre eux, M. Jules Guesde, M. Marcel Sembat, puis plus tard, M. Albert Thomas ont, et je m'en suis toujours félicité, participé au Gouvernement. Or, les ministres d'alors, M. Malvy, que je vois à son banc, par exemple, se rappellent certainement comme moi que les membres socialistes du Gouvernement se sont toujours trouvés d'accord avec les autres, notamment avec M. Ribot, ministre des finances.

M. Louis Malvy. C'est exact.

M. le président du conseil, *ministre des finances.* Ils auraient bien voulu hâter le recouvrement des impôts mais ils se sont heurtés à une multitude d'obstacles matériels tenant à ce fait essentiel que presque tous les contribuables étaient mobilisés et que, seuls, les vieillards et les femmes restaient à leur foyer.

Laissons donc ce reproche comme toutes les autres critiques rétrospectives et voyons seulement ce qu'a fait le Gouvernement actuel et surtout ce qu'il lui reste à faire dans le domaine monétaire et financier.

Là-dessus, je n'ai pas seulement le droit, j'ai le devoir de m'expliquer, et même je crains d'être forcé de retenir longtemps, trop longtemps, l'attention de la Chambre (*Parlez! parlez!*) sur des sujets qui, malheureusement, sont tous très arides.

On a si souvent considéré la suite de nos efforts comme une expérience provisoire, on a si souvent cherché à montrer l'insuffisance et la fragilité de notre œuvre — que dis-je! — de votre œuvre, que je ne puis me dispenser de demander à quelques faits acquis des leçons que je crois bonnes à méditer.

Ici même, les interpellateurs qui se sont succédé en

si grand nombre à cette tribune et dont les intéressants discours ont certainement fait honneur à la Chambre des députés et au régime parlementaire (*Très bien! très bien!*), ces interpellateurs ont, pour la plupart, mêlé à des éloges généralement tempérés (*Sourires*) des critiques assez vives, mais souvent contradictoires, que je ne puis laisser entièrement sans réponse.

Peut-être, messieurs, aurai-je le droit, pour justifier notre action, d'invoquer le témoignage de quelques personnes impartiales, et notamment celui des observateurs étrangers, par exemple ce qui a été encore dit, ces jours derniers, en Angleterre et aux Etats-Unis.

N'est-ce pas à la Chambre de commerce française de New-York que M. Ogden Mills, secrétaire d'Etat au Trésor américain, prononçait la semaine dernière ces paroles :

« La restauration de la situation financière de la France comprenant l'amélioration de la valeur du franc, une stabilisation *de facto* depuis décembre 1926, constitue l'un des plus étonnants chapitres de l'histoire financière. C'est un tableau qu'aucun ami de la France ne peut considérer sans un sentiment de gratitude et d'orgueil. » (*Applaudissements au centre, à droite et sur divers bancs à gauche.*)

Sans doute pourrais-je me consoler des attaques convergentes de certains journaux d'extrême gauche et d'extrême droite en me disant que la postérité et la justice commencent toutes les deux aux frontières. Mais non, ce que je préférerais obtenir, non pour moi, certes, mais pour le Gouvernement tout entier, c'est l'approbation et l'appui des Chambres et de l'opinion française. (*Très bien! très bien!*)

A cet égard, vous me permettrez de retenir un passage du dernier compte rendu des opérations de la Banque de France. Je lis ces quelques lignes significatives :

« L'année 1927 a marqué une étape décisive dans la

voie de la restauration financière et monétaire de la France. Grâce au maintien rigoureux de l'équilibre du budget, grâce à la confiance raisonnée et chaque jour plus ferme du pays et de l'étranger dans l'avenir du franc, grâce à la volonté patiente et inébranlable des pouvoirs publics, l'énergique effort de redressement dont nous signalions, dans nos précédents comptes rendus, les premiers et encourageants résultats, a pu être poursuivi et consolidé pendant tout le cours de l'exercice qui vient de finir.

« Comme il était de notre devoir, nous avons mis en œuvre toute notre activité et toutes nos ressources pour associer notre maison, en pleine indépendance, mais aussi en étroite et permanente collaboration avec le Gouvernement, à cette tâche de salut national. » (*Applaudissements.*)

Les articles du programme que nous avons cherché à réaliser sont infiniment nombreux et complexes et peut-être aurais-je quelque mal à les énumérer tous; mais, dès maintenant, une constatation qui me paraît digne d'être mise en lumière, c'est que, deux années de suite, le Parlement, rompant avec le détestable usage des douzièmes provisoires, vient de voter le budget avant la fin du mois de décembre. (*Très bien! très bien!*) Ce n'est pas là seulement, notez-le bien, un excellent exemple d'ordre et de méthode qu'il a donné, c'est aussi un heureux résultat financier qu'il a obtenu.

Vous avez supprimé, par là même, de fâcheuses complications administratives; vous avez assuré le recouvrement plus régulier des impôts, c'est-à-dire, en définitive, consolidé l'équilibre que vous aviez eu soin d'établir et apporté, par conséquent, une nouvelle et précieuse contribution à l'œuvre d'assainissement que vous avez entreprise, d'accord avec le Gouvernement.

Cette exactitude dans le vote du budget est un signe

éclatant, messieurs, des progrès accomplis dans la tâche que nous avons entreprise ensemble; elle prouve, et elle prouve mieux que tout autre indice, que la période de crise aiguë est close et que nous avons réussi à nous rapprocher de plus en plus d'un état normal.

Lorsque les hommes qui composent le cabinet actuel se sont unis en vue d'un sauvetage que les événements avaient rendu étrangement difficile, ils ne se sont pas dissimulé qu'ils engageaient tous ensemble une partie redoutable et qu'ils pouvaient être brisés au courant de leur effort. Ils ont consacré à la lourde besogne qui leur incombait tout ce qu'ils pouvaient avoir d'intelligence et d'énergie et ils ont du moins la satisfaction de pouvoir penser aujourd'hui que leur travail n'a pas été stérile.

II. — LA SITUATION FINANCIÈRE EN JUILLET 1926

Maintenant encore, je ne puis, messieurs, me rappeler sans quelque effroi la situation en face de laquelle nous nous sommes trouvés à la fin du mois de juillet 1926. Elle ne datait pas de la veille, elle ne datait pas de l'avant-veille : elle datait déjà de quelque temps.

Le 24 juillet, la marge disponible du Trésor à la Banque de France était, vous vous le rappelez, tombée à 1 million de francs. Comment pourvoir aux nécessités de fin de mois et, d'autre part, comment rembourser aux prochaines échéances les bons de la défense nationale qui étaient, depuis plusieurs semaines, présentés au remboursement dans des proportions qui dépassaient de beaucoup le chiffre des émissions possibles?

C'était une nouvelle menace d'inflation qui pesait sur nous, quelques mois après que venait déjà d'être augmentée la circulation fiduciaire et nous étions exposés à glisser de plus en plus vite sur la pente fatale.

Le budget de 1926 lui-même, qui était en cours d'exécution, se trouvait en état de déficit et celui de 1927 s'annonçait déjà sous un aspect plus mauvais encore.

Je sais bien que, dans un article récent, notre collègue socialiste, M. Etienne Antonelli a traité de contre vérité une phrase que j'ai prononcée au Sénat ces temps derniers à propos du budget de 1926. Mais cette phrase était malheureusement l'expression d'une vérité incontestable.

Sans doute — je suis bien loin de le contester — un effort considérable, un effort au moins très sérieux avait été fait pour que le budget de 1926 fût mis en équilibre, mais l'équilibre précaire qui avait été établi avait été faussé après quelques mois par les variations du change et par la hausse des prix, et le 3 juillet 1926, lorsque les experts avaient déposé leur rapport, ils avaient déjà constaté que les sommes à trouver, pour combler le déficit dès cette époque et pour dégager la trésorerie, étaient de l'ordre de grandeur suivant : 2 milliards 500 millions pour le budget de 1926, 5 milliards pour 1927, et ils ajoutaient qu'il fallait à tout prix qu'on se procurât immédiatement ces ressources.

Le 16 juillet, mon prédécesseur, M. Caillaux — mon prédécesseur indirect — exprimait à la Chambre la même nécessité, tout en réduisant un peu les chiffres des impôts nouveaux qu'il allait proposer, car il envisageait, vous vous le rappelez peut-être, des combinaisons spéciales pour les chemins de fer de l'Etat et pour les régions libérées. Mais le temps passa sans que les impôts fussent votés et le déficit, fatalement, s'aggrava.

D'autre part, des dépenses nouvelles devaient être inscrites au budget de 1927, notamment l'augmentation annoncée, l'augmentation promise, avant même la constitution du cabinet actuel, pour les traitements et pour les pensions.

Lorsque le cabinet s'est formé, il a fallu qu'il envisage

la création de recettes nouvelles jusqu'à concurrence de 2 milliards pour 1926 et de 7 milliards de plus, soit de 9 milliards au total, pour 1927. Notre premier devoir a donc été de rétablir l'équilibre qui n'existait pas.

En outre, messieurs, lorsque le ministère s'est constitué, nous allions avoir à acquitter forcément d'importantes échéances extérieures : 18 et 25 août 1926, 3.500.000 livres à la banque d'Angleterre; 15 septembre 1926, 2 millions de livres à la trésorerie britannique; 17 septembre 1926, 1.500.000 pesos-or à l'Uruguay.

Nous avions, de plus, à payer des intérêts, du 1er août au 1er octobre, 1.700.000 livres et 13.500.000 dollars et, au même moment, combien de francs fallait-il pour nous procurer une livre ou un dollar? Le 20 juillet 1926, le cours du change s'était élevé à 49 fr. 22 pour le dollar, à 240 fr. 25 pour la livre. De sorte qu'il était impossible d'acheter la moindre provision de devises sans entraîner immédiatement une élévation formidable des cours. Le franc était emporté dans une chute vertigineuse et la catastrophe semblait inévitable. En même temps, dans les caisses d'épargne, les retraits de fonds excédaient les dépôts et la panique gagnait partout.

Je ne veux pas rechercher les causes proches ou lointaines de ce déplorable état de choses. J'aurais bien des réserves à faire sur certaines des explications qui ont été données, mais, une fois encore, j'entends m'interdire toute récrimination ou même toute justification... (*Rires à l'extrême-gauche communiste.*)

Ce ne sont pas vos ricanements qui m'empêcheront de suivre ma voie (*Applaudissements au centre, à gauche et à droite.*)

Je répète que je m'interdirai toute justification qui risquerait de diviser les esprits dont il me paraît indispensable de concentrer l'activité. Je me borne à rappeler des vérités incontestables.

J'ajoute qu'au même moment, devant cette situation qui semblait désespérée, les experts me disaient : « Stabilisez le plus tôt possible, stabilisez à un taux quelconque et, pour stabiliser, réglez d'abord avant tout les dettes interalliées, ratifiez sans retard les accords de Londres et de Washington. »

Et cent autres voix nous répétaient en chœur : « Stabilisez! Peu importe le cours. Ratifiez! Engagez-vous pour soixante-deux ans sans clause de transfert, sans garantie d'aucune sorte. Il vous faut absolument des devises étrangères, il vous faut des crédits extérieurs et vous n'aurez rien sans avoir ratifié. »

Lorsque je répondais que je ne voulais pas prendre des engagements au nom de la France sans être sûr de les pouvoir tenir (*Vifs applaudissements au centre, à gauche et à droite*) et que je n'entendais la mettre dans la dépendance financière de personne (*Vifs applaudissements sur les mêmes bancs*), on me répondait : « Prenez garde! Votre franc va être emporté dans la tourmente, si vous ne ratifiez pas tout de suite. Vous ne serez plus demain maître des changes. Vous ne passerez même pas les vacances prochaines. Hâtez-vous! »

Jusqu'autour de la Chambre, rôdaient des conseillers officieux (*Très bien! très bien! au centre et à droite*) qui tenaient à mes collègues et à moi le même langage et qui, pour éviter, disaient-ils, un désastre, insistaient sur les deux mots magiques : « ratification, stabilisation ». Ils disaient : « Ne laissez pas lire le décret de clôture; le mois d'août ne s'achèvera pas sans que le franc s'effondre il faudra que les Chambres reviennent pour ratifier. »

C'est, messieurs — et vous vous rappelez tous ces détails — sous ces sombres auspices que nous nous sommes présentés devant vous.

Ah! messieurs, lorsque, à la fin du mois de juillet 1926, nous avons soumis nos projets à la Chambre des députés, ils y ont été certainement accueillis sans enthousiasme et c'est dans un sentiment de devoir patriotique que la majorité de l'Assemblée s'est résignée à les voter. (*Très bien! très bien! — Interruptions à l'extrême-gauche communiste.*)

Quant à nos collègues socialistes, ils ont courtoisement rendu hommage à nos intentions, mais ils ont déclaré qu'ils ne pouvaient pas nous suivre; ils ont même accompagné leur refus d'objections véhémentes et de sombres prophéties. (*Rires et applaudissements au centre et à droite.*)

M. Léon Blum. Nous ne vous avons pas conseillé de stabiliser à un cours élevé.

M. le président. Veuillez ne pas interrompre.

M. le président du conseil, *ministre des finances.* Déjà! Comment! Voici huit jours que nous usons de coquetterie l'un envers l'autre pour savoir qui de nous deux parlera le premier. (*Applaudissements et rires au centre et à droite.*)

Rassurez-vous! Vous me répondrez, et je vous répliquerai. Ainsi, nous serons tout à fait d'accord.

Je disais, messieurs, que nos collègues socialistes qui, comme vous le voyez, sont souvent très pressés de faire connaître leur opinion, nous avaient déclaré qu'ils ne voulaient pas s'associer à nos initiatives. Ils ont pris position de critiques, position commode et habile, et ils ont démontré une fois de plus l'éternelle vérité du vers de Destouches que, je ne sais pas pourquoi, on attribue si souvent à Boileau.

Je me rappelle encore, messieurs, le joli bouquet de roses et d'épines que notre honorable collègue M. Vincent Auriol est venu offrir au Gouvernement pour le féliciter de son avènement. (*Sourires.*) Il rendait un hommage tout à fait immérité à ce qu'il appelait avec une indulgence doucement ironique « une personnalité puissante ». Après quoi, tout de suite, sans transition, et sans détour du reste, il ajoutait, c'était dans la première séance du 31 juillet :

« Nous, qui avons combattu les projets de M. Doumer, nous qui avons combattu les projets de M. Raoul Péret, nous, qui avons combattu le rapport des experts, nous restons fidèles à notre attitude : nous combattons aujourd'hui vos projets parce que nous croyons qu'ils feront du mal au pays. »

Et il cherchait à justifier ses craintes :

« Vous faites, disait-il, une politique d'illusion. Vous jouez de la confiance, soit. Vous pouvez parer aux causes psychologiques que l'on a déchaînées contre nous. Mais, prenez garde, par la charge d'impôts excessifs, par une politique de laisser-aller en ce qui concerne les prix intérieurs, par le libre jeu des taxes de consommation, les causes mécaniques agiront plus vite que la nouvelle psychologie collective que vous aurez créée. » Et, du haut de la tribune, j'allais dire du haut de son trépied (*Rires*), M. Vincent Auriol prophétisait : « Vous oubliez que c'est de la course toujours plus rapide, plus essoufflante, plus dangereuse entre les prix gonflés d'impôts, des billets et des changes, ceux-ci devançant à leur tour les prix, vous oubliez que c'est de cela que nous souffrons. Vous oubliez que ces prix accrus poussent au remboursement des bons et des dépôts à vue. Vous oubliez que cette lutte vient heurter, meurtrir votre trésorerie. Vous oubliez que ces prix et que ces charges jouent en vrille et crèvent un à un tous les plafonds.

« J'ai honte de rappeler cela, car c'est l'histoire de ces dernières années. Vous me dites que vous espérez une baisse des changes du fait de votre politique de confiance. Vous espérez que, les capitaux rentrant, vous aurez de quoi alimenter votre trésorerie et peser sur le marché des changes. Je vous réponds d'abord que le retour des capitaux peut suivre une baisse brusque des changes, mais qu'en général il ne la précède pas. Ensuite, votre patriotique illusion se double d'une erreur de chronomètre, car avant que l'action des changes agisse sur les prix, l'augmentation normale des prix, due aux changes antérieurs... » — messieurs, retenez bien cette proposition — tion —

A l'extrême gauche. C'est exact.

M. LE PRÉSIDENT DU CONSEIL, *ministre des finances.* Oui, celle-ci est exacte; elle est juste. Sur ce point, nous sommes d'accord. L'augmentation des prix de la fin de 1926 a été normale et elle a été due aux changes antérieurs. Mais continuons :

« ...le nivellement normal, fatal entre les prix de détail et les prix de gros, l'augmentation des impôts vous auront devancés. »

C'est ici que M. Vincent Auriol se trompait. Je n'aurai pas de mal à le prouver tout à l'heure.

« Et ainsi, continuait-il, vos impôts indirects vont avoir sur les prix les mêmes effets que l'inflation. Et c'est ainsi que, comme le disait M. Chabrun à la commission des finances, dans une saisissante expression, si vous accusez nos impôts d'avoir fait fuir les capitaux, les vôtres vont faire fuir votre monnaie. » (*Mouvements divers au centre.*)

Tel était donc, messieurs, l'oracle essentiel de M. Vincent Auriol et de M. Chabrun : « Votre monnaie va fuir, sous la menace de vos impôts ».

La monnaie a si bien fui, en effet, que si ce n'était par égard pour l'industrie et pour les travailleurs de l'usine, nous aurions pu, sans difficulté, depuis plusieurs mois, laisser tomber la livre au-dessous de 100 francs. (*Applaudissements au centre, à droite et sur plusieurs bancs à gauche. — Mouvements divers.*)

M. Vincent Auriol, prophète de malheur...

M. Legué. Jérémie! (*Rires.*)

M. le président. N'ajoutez rien, je vous en prie. (*Nouveaux rires et applaudissements.*)

M. le président du conseil, *ministre des finances.* M. Vincent Auriol ajoutait, lui, quelque chose :

« Messieurs, c'est cela qui se pose devant vous, car c'est de nouveau la volute qui se développe, la hausse des prix accrue par les impôts indirects qui va faire augmenter les dépenses budgétaires, et la dette extérieure tarissant la trésorerie.

« D'autre part, vous allez aggraver, dans la trésorerie privée, les besoins en numéraire et pousser ainsi au remboursement des bons de la défense nationale.

« Pour amortir ces bons de la défense nationale, qu'avez-vous dans votre caisse d'amortissement? D'ici au mois de décembre 1926, 0; en 1927, 200 millions par mois. La hausse des changes sera accélérée par vos achats pour payer les dettes extérieures. » — Voilà encore un pronostic que les événements se sont chargés de démentir. — « Ainsi vous avez : hausse des prix, besoin de numéraire, remboursement des bons, achats de change, les quatre rivières de l'inflation qui, de nouveau inonderont et dans lesquelles vous aurez de nouveau à mettre le sable de vos impôts nouveaux. »

Puis, M. Vincent Auriol concluait éloquemment que nous représentions déjà nous, membres du cabinet, le passé — hélas! nous en avons bien conscience! — (*Sourires.*) que nous allions signer les dernières pages, que dis-je? La dernière page d'un livre et que demain s'ouvrirait un livre nouveau. « Un livre nouveau », M. Vincent Auriol parlait, vous le voyez, comme un évangéliste! (*Rires et applaudissements au centre et à droite.*)

Il faut convenir que ses prophéties n'étaient pas pour nous très encourageantes.

Certes, messieurs, elles nous ont beaucoup émus, elles

nous ont émus comme toute manifestation du talent humain; mais, par bonheur, elles ne nous ont pas ébranlés, elles ne nous ont pas empêchés de poursuivre la tâche que nous nous étions juré d'entreprendre. Nous l'avons poursuivie et je crois que nous n'avons pas eu à nous en repentir.

Tout le raisonnement de M. Vincent Auriol repose sur l'affirmation qu'une nouvelle hausse des prix accentuant celle qui devait fatalement résulter de la dépréciation antérieure de la monnaie, proviendrait des impôts proposés et entraînerait de nouveaux besoins de billets; qu'elle entraînerait aussi des remboursements de bons; que le franc baisserait de nouveau et que nous ne pourrions pas payer nos dettes extérieures.

Sur tous ces points sans exception, c'est l'inverse qui s'est produit et je suis sûr qu'au fond de lui-même, M. Vincent Auriol est le premier aujourd'hui à s'en féliciter. (*Rires et applaudissements au centre et à droite.*)

En ce qui concerne notamment les prix, qui étaient toute la base du raisonnement, on ne contestera pas, j'imagine, qu'ils ont sensiblement baissé depuis le mois de juillet 1926.

Au moment où M. Vincent Auriol parlait, l'indice général des prix de gros était 856; il est aujourd'hui 617. L'indice des prix de gros des denrées alimentaires était 703; il est tombé à 551.

A l'extrême-gauche. Théoriquement.

M. LE PRÉSIDENT DU CONSEIL, *ministre des finances.* L'indice des prix de détail des treize denrées portées aux statistiques parisiennes était 574; après des oscillations diverses, il était, ce matin, à 528.

M. VINCENT AURIOL. Mais, dans l'intervalle?... Il y a un raisonnement à faire et nous le ferons.

M. LE PRÉSIDENT DU CONSEIL, *ministre des finances.* Je vous répondrai quand vous aurez raisonné. Pour le moment, vous n'avez pas encore raisonné.

M. Vincent Auriol. Il y a autre chose que ce que vous avez dit.

M. le président du conseil, *ministre des finances.* D'où, messieurs, en dépit des interruptions un peu impatientes de notre honorable collègue et ami M. Vincent Auriol, il faut conclure que les hommes les plus intelligents sont, comme les autres, faillibles et que nous devons modestement nous abstenir tous des prédictions quelles qu'elles soient, optimistes ou pessimistes. Contentons-nous des faits. Parlons surtout de ce que nous avons fait et n'annonçons rien pour l'avenir.

Quelques jours après cette consultation de docteur Tant-Pis, messieurs, nous étions condamnés à en entendre une autre, non moins élégante que la première. Elle émanait, cette fois encore, d'un spécialiste illustre, accoutumé à présenter sous les formes les plus attrayantes les remèdes les plus énergiques, je dirai même les plus périlleux.

C'était le mardi 10 août 1926, à l'Assemblée nationale de Versailles. M. Léon Blum montait à la tribune pour nous plaisanter agréablement. Il comparait d'abord nos projets à des pilules qu'on administre à certains malades nerveux. Il ajoutait : « ...des pilules qui ne peuvent pas faire de mal », se mettant sur ce point en contradiction avec son collègue. Il est beaucoup plus prudent, vous l'avez remarqué que M. Vincent Auriol. (*Rires et applaudissements au centre et à droite.*)

Il nous annonçait qu'elles ne feraient pas de bien, mais il ajoutait qu'elles ne feraient pas de mal. Et cela, ajoutait-il encore, parce qu'elles ne contenaient rien du tout.

Et reprenant à son tour, en l'accentuant sur les autres points, l'argumentation de M. Vincent Auriol, il nous disait, je vous demande pardon, messieurs, de toutes ces citations, mais elles ne manquent pas de piquant à l'heure actuelle :

« Nous ne voterons pas le projet gouvernemental, tout d'abord, parce qu'il limite presque exclusivement l'effort d'amortissement à la dette flottante, en particulier aux bons de la défense nationale. »

Aujourd'hui, on nous fait plutôt le reproche inverse.

« Nous sommes, nous, pénétrés de la conviction que, pour être efficace, dans une situation comme celle où la France se trouve aujourd'hui placée, l'amortissement ne doit pas seulement être rapide, mais général et porter simultanément sur tous les points de la dette publique.

« Nous pensons que tout système d'amortissement qui ne pèsera pas simultanément sur toutes les catégories de la dette publique pour obtenir ainsi un effort total dont toutes les parties se coordonnent et se commandent... »

Nous nous rappellerons ce passage dans quelques minutes, lorsque nous examinerons la question de l'amortissement.

« ...sera insuffisant parce que partiel et par cela même inégal aux circonstances dans lesquelles le Gouvernement et nous nous trouvons placés aujourd'hui.

« Vous êtes parvenus, je ne nie pas du tout que ce soit un grand résultat, à annuler les causes psychologiques de la hausse désordonnée des changes dans ces dernières semaines, à les annuler ou à les neutraliser, ou même, je peux dire, à les renverser.

« Mais les causes mécaniques subsistent et, si elles agissent moins vite et d'une façon moins frappante pour l'imagination que les causes d'ordre psychologique, elles agissent d'une façon plus nécessaire et plus inéluctable encore.

« Alors, nous vous posons cette question : qu'arrivera-t-il dans les semaines qui vont suivre et en nous plaçant même dans l'hypothèse la plus favorable? Je suppose que les changes continuent à baisser, je suppose que, d'ici à quelques semaines, la courbe montante des prix vienne couper la courbe descendante des changes.

« Néanmoins, les prix auront monté, les besoins de circulation se seront accrus; pour toutes les trésoreries privées, les besoins iront croissant, et des besoins croissants, comment cela se traduit-il? Cela se traduit par bien des signes; les plus certains, ce sont les demandes de remboursement de bons, directes ou indirectes.

« Nous sommes d'autant plus inquiets d'une politique qui cherche à amortir par l'impôt que l'impôt accroît et augmente les besoins de remboursement auxquels la caisse aura précisément à faire face.

« Le Gouvernement escompte, par l'effet des mesures qu'il a déjà prises et par l'effet aussi de sa présence, de son existence, de son action sur le pays, le retour à une sorte de période normale et régulière où le renouvellement des bons pourra s'assurer d'une façon à peu près exacte, où, d'autre part, les capitaux expatriés afflueront en France avec une vitesse croissante... »

Oui, nous avions conçu cette espérance, et je ne crois pas qu'on puisse dire qu'elle ne s'est pas réalisée. (*Applaudissements.*)

« ...et il suppose que l'on peut agir aujourd'hui comme l'on agissait autrefois, dans les temps heureux, dans les temps faciles où les amortissements rythmiques, modérés, mais réguliers, se déroulaient avec la sécurité, avec la puissance de tableaux d'actuaires, avec les forces acquises de la capitalisation mathématique.

« Nous pensons que nous sommes dans une situation différente, où les crises de prix peuvent toujours déterminer des mouvements massifs et brutaux de remboursement, où il est nécessaire d'agir à la fois sur tous les postes de la dette publique, sur la dette flottante, sur les prix, sur tout l'ensemble des données du problème, et d'agir avec une certaine puissance dure et brutale —

oui, brutale, je dis le mot... » — il ne le disait pas si brutalement, je vous en demande pardon — « ... et vous sentez bien que c'est une brutalité de système et non pas de moyens que j'envisage.

« Il faut qu'il soit bien entendu entre nous et devant le pays que les maux dont il souffre, que la maladie monétaire et financière qui l'afflige appellent d'autres remèdes que l'hygiène, que la cure de repos, que le grand air, que les potions douces, que les remèdes de bonne femme, comme le disait un jour, je crois, M. le rapporteur général du Sénat.

« Cela prouvera qu'il faut, oh! je ne dirai pas l'opération chirurgicale ou l'amputation, pour ne pas trop vous effrayer, mais ce que j'appelais un jour, il y a déjà longtemps, la saignée thérapeutique. » (*Applaudissements à l'extrême-gauche.*)

Je remarque qu'il reste un certain nombre de nos collègues pour applaudir ce passage; mais ils ne sont plus aussi nombreux qu'à Versailles. (*Applaudissements et rires au centre, à droite et sur divers bancs à gauche.*)

La saignée thérapeutique, c'est ce qu'on appelait alors, sans détour et sans atténuation, le prélèvement sur le capital.

Nous avons préféré, non pas des remèdes de bonne femme, non pas une cure de repos, mais un traitement rationnel qui tint compte tout à la fois des causes psychologiques et des causes mécaniques ou techniques, et nous avons demandé aux faits eux-mêmes de justifier notre thérapeutique. (*Applaudissements sur les mêmes bancs.*)

III. — LA SITUATION FINANCIÈRE EN JANVIER 1928

Je viens, messieurs, de rappeler où nous en étions lorsque le ministère s'est constitué. Aujourd'hui, où, en sommes-nous?

Nous n'avons pas précipité la stabilisation, puisqu'on nous a même souvent reproché de ne pas la faire assez vite. Nous n'avons pas insisté davantage auprès de vous pour une ratification des accords de Londres et de. Washington, à laquelle nous vous savions opposés.

Et, cependant, il ne s'est produit aucune catastrophe.

La livre est revenue de 240 à moins de 125 francs. Le Trésor et la Banque, le Trésor d'abord, la Banque ensuite, se sont procuré des devises sans difficulté. Des emprunts des chemins de fer de l'Etat ont été placés, sans aucun effort, même à l'étranger qu'on nous disait fermé, en Suisse, en Hollande. Des crédits extérieurs nous ont été offerts de tous les côtés et nous avons pu nous en passer. (*Très bien ! très bien ! au centre, à droite et sur divers bancs à gauche.*)

Les Etats-Unis ont, spontanément — je répète le mot que j'ai déjà dit l'autre jour — spontanément, sans que nous leur demandions quoi que ce soit, levé l'embargo dont ils avaient demandé à leurs banques de nous frapper jusqu'à la ratification des accords.

M. Cornavin. Ah! les braves gens!

M. le président du conseil, *ministre des finances.* Et pourquoi, messieurs, tous ces changements? Parce que les mesures générales que nous avons prises, le rétablissement de l'équilibre budgétaire, le vote des impôts indispensables, l'organisation d'un amortissement régulier, rationnel de notre dette, ont inspiré à tous les pays du monde, et plus particulièrement à nos créanciers, confiance dans le crédit de la France (*Applaudissements au centre, à droite et sur divers bancs à gauche*), et aussi parce que, au dehors et au dedans, nous avons tenu à remplir les obligations de l'Etat. (*Très bien! très bien! sur les mêmes bancs.*)

A l'intérieur, nous avons rassuré les porteurs de bons

de la défense nationale. A l'extérieur, nous avons fait face à toutes nos échéances.

Dans la question des dettes interalliées, nous ne nous sommes pas engagés pour l'avenir, parce que nous ne pensions pas être sûrs et nous ne pouvions pas être sûrs d'avoir toujours les moyens de transférer chaque année pendant soixante-deux ans. Mais nous trouvant aujourd'hui à même de payer, nous avons payé et nous avons montré ainsi que nous ne songions pas à renier nos dettes elles-mêmes.

Bref, sans répudier aucun de nos engagements, et tout au contraire, en donnant la preuve de la loyauté permanente de la France (*Applaudissements*), nous avons évité la longue série d'accidents dont on nous avait menacés et nous avons pu commencer dans le calme l'œuvre de restauration financière qui nous avait été confiée.

« Commencer », dis-je. En effet, notre effort — je l'ai répété bien souvent et je ne me lasserai pas de le redire — est loin d'être terminé. Mais les résultats qu'il a déjà produits ne sont pas aussi négligeables que le prétendent certains esprits critiques. Les faits et les chiffres sont là pour nous justifier.

Voici ce que je lis encore dans le dernier compte rendu de notre institut d'émission :

« Nous sommes intervenus directement, dès la fin de 1926, sur le marché des changes, pour assurer au profit de l'économie nationale la stabilité du cours du franc. La Banque a été conduite de ce fait à absorber les offres considérables et quasi permanentes de devises qu'ont entretenues sur le marché des changes, en 1927, le rapatriement des capitaux français antérieurement exportés, l'apport de disponibilités étrangères désireuses de s'échanger contre des francs et la balance créditrice de notre commerce extérieur.

« Les acquisitions massives, ainsi que les achats de

monnaies d'or et d'argent que nous avons continués l'an dernier en vertu de la loi du 7 août 1926, ont assuré à notre établissement, sans le secours d'aucun crédit extérieur... » — c'est la Banque elle-même qui parle — «... la disposition d'un contingent très important de devises or et sont venues renforcer dans des proportions presque inespérées la couverture de la circulation des billets et les garanties de stabilité de la monnaie.

« Nous avons aussi échangé contre de l'or une fraction importante de nos approvisionnements en devises, tant pour accroître le gage métallique de nos billets et en préparer la convertibilité effective que pour opposer un frein aux entraînements de la spéculation étrangère et protéger le marché français contre les afflux désordonnés qu'eussent risqué de provoquer des facilités abusives de crédit, rendues possibles sur les marchés extérieurs par l'extension même de nos propres placements.

« L'importance des moyens de change dont disposait la Banque lui a permis enfin, dès le mois d'avril, de rentrer en possession du contingent d'or immobilisé pendant la guerre à la Banque d'Angleterre en garantie de crédits consentis à la Banque de France au profit du Trésor français.

« Il est à peine besoin de souligner toute la portée d'une opération qui a présenté le double avantage de libérer la Banque de France d'une dette onéreuse contractée dans l'intérêt du Trésor français et de restituer à une partie importante de la couverture métallique de notre circulation son caractère indispensable de liquidité et de réalité. »

Une des causes principales de la dépréciation du franc, c'était l'énormité des avances que l'Etat avait dû demander à la Banque de France.

Nous nous sommes attaqués résolument à ce mal. Nous avons abaissé le plafond légal des avances de la Banque à

''Etat, depuis dix-huit mois, de 38 milliards et demi à 31 milliards. Cette année même, nous avons remboursé à l'institut d'émission 5 milliards et demi, dont un milliard à la fin de l'année, au lieu des 2 milliards auxquels nous étions tenus par la convention de 1920.

Et cependant, malgré cet abaissement du plafond, la marge entre le maximum légal des avances et les avances réellement consenties par la Banque au Trésor n'a pas cessé d'être assez élevée pour faire face à tous les besoins de la Trésorerie.

Au moment même où j'opérais le dernier remboursement à la Banque, cette marge était encore d'environ 6 milliards et demi.

Nous voilà loin, n'est-il pas vrai? du million du mois de juillet 1926 (*Applaudissements.*)

D'autre part, nous trouvons également un témoignage éclatant du profond changement qui s'est produit dans la situation économique en même temps que dans la situation financière si nous comparons les taux de l'escompte de la Banque en juillet 1926 et aujourd'hui.

Le taux de l'escompte a été abaissé graduellement, en dix-huit mois, de 7 1 /2 % à 3 1 /2 %. Ce taux de 3 1 /2 %, c'est celui d'avant-guerre. Je ne méconnais pas, certes, que si la Banque a pu y parvenir, c'est, dans une certaine mesure, par suite du ralentissement des affaires; mais c'est aussi, c'est surtout à cause de la suppression des bons de la défense nationale à courte échéance et de l'abondance des capitaux disponibles, qui en a été la conséquence.

Or, la suppression des bons à court terme a été une garantie inappréciable de tranquillité pour le Trésor, et, en favorisant l'abaissement du taux de l'escompte, elle a apporté aux affaires un élément d'activité. En effet, le taux de l'escompte bas, c'est l'argent à meilleur marché; c'est donc un heureux stimulant à la fois pour les entreprises industrielles et commerciales, et pour le marché même des valeurs mobilières.

Remboursement à la Banque, abaissement du taux de l'escompte, voilà donc, je le répète, deux gages récents et tangibles des améliorations réalisées.

Mais il en est d'autres, beaucoup d'autres, que nous avons également le droit de souligner.

Les opérations de consolidation que nous avons faites et sur lesquelles je reviendrai rapidement tout à l'heure, nous ont permis de couvrir toutes nos échéances du second semestre de 1926 et de toute l'année 1927. Bien mieux, nous avons pu régler d'avance la plus grande partie des échéances, qui incomberont aux années 1928 et 1929.

On a souvent insisté, dans des polémiques récentes, sur celles qui grevaient l'année 1925. Elles ont été assurément très lourdes. Mais les années suivantes ont eu, elles aussi, à porter leur large part du fardeau commun et nous avons eu la bonne fortune de voir que, jusqu'ici, elles n'avaient été nullement embarrassées. Les émissions et les conversions ont toujours assuré sans peine les remboursements demandés.

En même temps, soit dit en passant, nous avons reconstitué et considérablement augmenté nos encaisses à l'étranger, et nous avons pu ainsi non seulement assurer nos échéances extérieures de 1926 et de 1927, mais encore procéder au dehors à des remboursements anticipés, tels que celui dontje parlais tout à l'heure en lisant le rapport de la Banque, celui relatif aux avances de la Banque d'Angleterre, et nous gardons, bien entendu, une large provision pour 1928.

Mais je laisse de côté, pour l'instant, notre dette extérieure. Je m'en tiens à notre dette intérieure. Elle ne vient plus comme autrefois heurter nos portes à coups redoublés. La Caisse autonome d'Amortissement n'émet plus de bons à trois mois, à six mois ou à un an; elle ne délivre plus, désormais, que des bons à deux ans.

Il suit de là que les échéances mensuelles, qui étaient de 7 milliards 1/2 par mois au début de 1926, ne seront que de 3 milliards 1/2 par mois d'ici au 3 juin 1928, et qu'elles disparaîtront même totalement du 3 juin au 31 décembre 1928. C'est ce qu'ont, du reste, déjà fort clairement expliqué à cette tribune MM. Lamoureux, Baréty et Piétri.

Je donnerai plus tard, sur ce point, des détails complémentaires. Je me borne, pour le moment, à tracer un tableau d'ensemble et à marquer, d'un trait rapide, quelques comparaisons pour calculer l'importance du redressement opéré. Il me suffit, messieurs, d'ajouter que, depuis plus d'un an, comme vous le savez tous, le franc est à l'abri des funestes oscillations qu'il avait connues, la livre est stabilisée, en fait, aux environs de 124 francs, le dollar aux environs de 25 fr. 50.

Indépendamment des encaisses en devises que s'est ménagées le Trésor, la Banque de France détient une réserve considérable qui lui donne la maîtrise du marché des changes et qui, à moins de folie financière, nous met désormais, à l'abri des surprises dangereuses. (*Applaudissements au centre, à droite et sur divers bancs à gauche.*)

Les dépôts des caisses d'épargne ont repris, messieurs, une marche ascendante et dépassent maintenant de beaucoup les retraits.

Bref, tout, absolument tout, concorde pour démontrer que l'assainissement commencé est déjà en très bonne voie et que, si nous voulons l'achever, nous ferons bien de ne pas abandonner à la légère les méthodes que, depuis dix-huit mois, nous avons pratiquées. (*Nouveaux applaudissements sur les mêmes bancs.*)

CHAPITRE II

LE REDRESSEMENT FINANCIER

I. — L'ajustement des recettes
et des dépenses publiques

Sans doute, messieurs, je ne prétends pas que ces méthodes soient, en tous points, immuables. Je suis, au contraire, le premier à dire qu'elles peuvent être améliorées et, s'il le faut, partiellement corrigées. Mais dans leurs principes essentiels, elles se sont trouvées confirmées et corroborées par une expérience de dix-huit mois.

Il ne serait pas juste, d'ailleurs, de dire que, dans l'empressement, dans la précipitation, dans la hâte que nous avons dû mettre à rétablir l'équilibre du budget, condition primordiale de tout redressement monétaire et financier, nous avons sacrifié à cette considération dominante beaucoup d'intérêts qui auraient dû retenir notre attention.

Evidemment, nous n'avons pas eu la possibilité de faire tout ce qui nous était réclamé, ni même tout ce qui était désirable. Je ne puis pas cependant laisser dire que les Chambres ont tout négligé, depuis dix-huit mois, pas plus qu'elles ne l'avaient fait antérieurement, en dehors de l'équilibre budgétaire. Elles ont, au contraire, trouvé le moyen d'introduire dans les budgets de 1927 et de 1928, comme elles l'avaient déjà fait précédemment, un certain nombre d'améliorations très appréciables, et le pays, qui sait à quoi s'en tenir, ne l'oubliera pas. Il ne se laissera pas influencer par les campagnes de dénigrement qui se produisent toujours, inévitablement, à la veille des périodes électorales. (*Applaudissements au centre, à droite et sur divers bancs à gauche. — Interruptions à l'extrême gauche communiste.*)

M. Augustin Desoblin. Les petits n'oublieront pas que vous les avez écrasés et qu'ils sont des victimes.

M. le président du conseil, *ministre des finances*. Dès maintenant, sans préjudice de ce qu'il reste à faire, nous avons allégé quelques-unes des charges qui pesaient sur les contribuables.

Dans le budget même de 1927, nous avons supprimé la taxe civique, qui était le type de l'impôt bien intentionné et qui, cependant, avait soulevé partout de très vives protestations. Nous avons aussi allégé l'impôt foncier sur les petites cotes mobilières, à la demande de la commission des finances et de son président, M. Malvy.

Dans le budget de 1928, nous avons abaissé de 0,50 le coefficient applicable pour la détermination des bénéfices agricoles imposables, ce qui représente un dégrèvement de 60 millions.

Voilà pour les impôts directs et voici pour quelques autres.

En matière d'enregistrement, comme M. Champetier de Ribes l'a rappelé, nous avons réduit de 0,84 à 0,50 % le tarif de la taxe de transmission sur les valeurs mobilières, soit, pour le Trésor, une perte de 340 millions. Nous avons également réduit le taux des droits de transfert et le taux du droit de conversion du nominatif au porteur. Nous avons en même temps, diminué le prélèvement maximum que les droits de mutation opéraient sur les successions. La quotité de ce prélèvement maximum était, avant le mois d'août 1926, la même, quel que fut le degré de parenté des héritiers, et elle atteignait quelquefois le chiffre vraiment excessif de 80 %. Elle est maintenant de 25 % en cas de dévolution en ligne directe et entre époux, de 35 % en ligne collatérale, de 40 % pour la parenté au delà du quatrième degré et entre non parents.

Plusieurs contributions indirectes ont été également remaniées dans l'intérêt des contribuables. Nous avons mis fin, dès le 1er janvier 1927, à l'augmentation de la taxe qui avait frappé les boissons hygiéniques. Nous avons abaissé le taux de l'impôt sur la chicorée. Nous avons étendu les exonérations sur les benzols. Nous avons suspendu l'application de la taxe à l'exportation, supprimé la taxe à l'achat, exempté, en tout ou en partie, de l'impôt sur le chiffre d'affaires les courtiers assermentés, les restaurants à bon marché, les œuvres philanthropiques, les établissements d'instruction.

Poussière de dégrèvements, me dit-on? Ce sont là, en effet, des remaniements indicatifs plutôt que des réformes profondes, des espérances d'améliorations prochaines plutôt que des réalisations notables. Et si je ne crois pas, malgré tout, inutile d'énumérer tous ces changements de détail, c'est parce que, en fait, au moment même où elles avaient à remplir une tâche presque surhumaine pour remettre le budget en équilibre, les Chambres ont cependant trouvé le moyen de corriger quelques-uns des défauts de notre système fiscal et parce qu'elles ont ainsi montré qu'elles ne considéraient pas — loin de là — comme immuable la masse, le bloc des impôts qu'à une heure de péril, elles avaient utilisés pour réparer les fondations d'un édifice ébranlé. (*Applaudissements au centre, à droite et sur divers bancs à gauche.*)

Mais, messieurs, ce n'est pas seulement dans l'examen des recettes que les Chambres ont voulu, en quelque sorte, amorcer l'avenir. Malgré la nécessité où elles se trouvaient de rechercher des économies et de surveiller sévèrement les dépenses, elles ont cru devoir dès maintenant insérer dans le budget des crédits considérables pour les fonctionnaires, pour les retraités et pour les victimes de la guerre.

L'effort qu'elles ont accompli dans ces différents ordres d'idées a été quelquefois méconnu ou dénaturé, et il n'est pas sans intérêt d'en préciser rapidement les résultats.

Si nous considérons qu'en l'état actuel des choses, le franc est stabilisé, en fait, au cinquième de sa valeur d'avant-guerre et que les indices des prix se tiennent eux-mêmes, comme l'a remarqué récemment M. Léon Blum, dans les environs de 500, c'est-à-dire qu'il y a à peu près équilibre entre les changes et les prix, une remarque s'impose tout de suite à l'esprit.

En présence de cette situation, on aurait certainement compris qu'en raison de la crise financière, en raison des difficultés graves qu'il y avait à la résoudre, les pouvoirs publics ne consentissent pas, pour le moment, à majorer les traitements et les pensions au delà de cinq fois 1914.

Or, on a largement dépassé ce coefficient pour tous les petits et pour un grand nombre de moyens traitements, si bien que les dépenses totales des traitements sont, depuis 1914, passées de 1.343 millions à 9.124 millions, c'est-à-dire qu'elles ont été multipliées par 6,80.

Cette augmentation générale a profité à tous les fonctionnaires...

Un membre au centre. Et ils vous en sont profondément reconnaissants.

M. LE PRÉSIDENT DU CONSEIL, *ministre des finances...* mais surtout, je le répète, aux petits et aux moyens et, sans même escompter à l'heure présente les dernières décisions de la commission Martin, qui siège encore, sans tenir compte des coefficients qui restent à fixer, des ajustements qui restent à opérer, voici, messieurs, quelques exemples des augmentations, quelques exemples pris un peu au hasard, pour des échelons divers.

M. CHARLES BARON. Vous ne livrez rien au hasard,

Monsieur le président du conseil. (*Exclamations au centre, à droite et sur divers bancs.*)

M. LE PRÉSIDENT DU CONSEIL. Je ne livre rien au hasard parce que j'ai peur que, ce que je ne dirais pas, on le dise autrement (*Applaudissements au centre, à droite et sur plusieurs bancs à gauche*), et qu'on ne le dise pas conformément à la réalité.

Voilà, monsieur Baron, pourquoi je crois utile de donner à la majorité qui a toujours soutenu le Gouvernement les moyens de se défendre contre des accusations possibles. (*Applaudissements sur les mêmes bancs.*)

Les traitements des chefs de service n'ont été portés qu'au coefficient 3 par rapport à 1914.

Les chefs de bureau, qui, avant la guerre, touchaient de 8.000 à 12.000 francs touchent maintenant de 32.000 à 40.000 francs;

Les sous-chefs, qui touchaient de 6.000 à 8.000 francs touchent maintenant de 24.000 à 30.000 francs;

Les rédacteurs et rédacteurs principaux, qui touchaient de 2.500 à 6.000 francs touchent de 10.000 à 22.000 francs.

Les dames dactylographes qui touchaient de 2.000 à 3.000 francs touchent de 8.000 à 13.500 francs;

Les huissiers, qui touchaient de 1.800 à 2.600 francs touchent de 8.000 à 9.500 francs.

Pour le personnel extérieur :

Un préposé ou un matelot des douanes, qui touchait de 1.140 à 1.440 francs touche de 8.000 à 10.000 francs;

Un garde-forestier, qui touchait de 800 à 900 francs touche de 8.000 à 10.000 francs.

Un facteur de ville, qui touchait de 1.400 à 2.100 francs a touché, en 1927, une somme qui était déjà de 6.900 à 9.600 francs et qui va sans doute être augmentée dans la revision nouvelle des traitements. (*Bruits à l'extrême-gauche.*)

Je me demande qui peut avoir intérêt à cacher ces vérités au dehors. (*Applaudissements au centre, à droite, et sur divers bancs à gauche.*)

Passons au personnel moyen :

Commis des postes : en 1913, ils avaient de 1.900 à 3.700 francs; en 1927, d'après la commission Martin, ils touchent de 8.500 à 16.000 francs.

Instituteurs : avant la guerre, ils avaient de 1.100 à 2.200 francs; aujourd'hui, ils ont de 9.000 à 16.000 francs.

Juges de paix de 4e classe : avant la guerre, ils touchaient 2.500 francs; aujourd'hui, 14.000.

Inspecteurs départementaux du travail : de 2.400 à 5.000 francs. Aujourd'hui, de 14.000 à 26.000 francs.

Je ne dis pas, messieurs, entendez-moi bien, que ces nouvelles échelles soient parfaites; je ne dis même pas qu'après le prochain ajustement de la commission Martin, nous serons à l'abri de réclamations nouvelles. L'habitude des comparaisons entre les diverses catégories de fonctionnaires, la recherche parfois aveugle et arbitraire des assimilations, les compétitions de groupements ne rendent pas toujours facile la détermination des traitements dans la limite des possibilités budgétaires. Là aussi, des retouches ultérieures pourront être nécessaires; mais dès aujourd'hui les Chambres ont le droit de se rendre cette justice qu'elles ont sensiblement amélioré le sort des serviteurs de l'Etat et qu'elles leur ont assuré, dans une existence honorable et digne, des moyens d'exercer leur profession. (*Applaudissements au centre, à droite et sur divers bancs à gauche.*)

M. HIPPOLYTE MASSON. Elles ont refusé d'accorder vingt sous par jour aux vieux ouvriers et aux vieux paysans. Et elles ont voté plus de 800 millions supplémentaires pour la guerre et la marine! Voilà l'œuvre de la majorité. (*Applaudissements à l'extrême-gauche. — Bruit au centre et à droite.*)

M. LE PRÉSIDENT. Je vous prie, messieurs, de ne pas interrompre.

M. LE PRÉSIDENT DU CONSEIL, *ministre des finances.* Nous parlerons tout à l'heure des ouvriers. Pour le moment, j'en suis aux fonctionnaires.

Il y a, messieurs, des contribuables qui nous ont reproché d'être allés trop loin dans la voie des améliorations. Mais l'Etat a le droit d'exiger des fonctionnaires un service attentif et ponctuel et, s'il veut l'obtenir — et il faut qu'il l'obtienne — il doit, avant tout, le rendre possible. (*Applaudissements.*)

M. BEDOUCE. Il faut aussi dire cela aux directeurs des réseaux de chemins de fer.

M. PIERRE DIGNAC. Dites-le surtout à certains fonctionnaires qui combattent ouvertement le président du conseil.

M. LE PRÉSIDENT. Messieurs, veuillez faire silence. Vous avez tous intérêt à laisser parler M. le président du conseil sans qu'il soit interrompu. (*Très bien! très bien!*)

M. LE PRÉSIDENT DU CONSEIL, *ministre des finances.* Voilà huit jours, messieurs, que j'écoute attentivement les interpellateurs de tous les partis. Je voudrais bien que, maintenant, ils eussent l'obligeance de m'écouter. Je les remercie de m'interrompre de temps en temps pour me permettre de me reposer (*Sourires*); mais je voudrais bien poursuivre mon exposé.

Je disais que des améliorations parallèles ont été réalisées à l'endroit des pensions d'ancienneté civiles et militaires. Depuis 1913, le crédit qui y est consacré a plus que décuplé. Il est passé de 290 millions, en 1913, à 2.700 millions en 1927 et à 2.950 millions en 1928. Entre le 1er août 1926 et le 1er janvier 1928, il s'est encore accru de 940 millions.

Ici encore, il convient de donner quelques exemples. La pension civile maximum était en 1914 de 6.000 francs.

Elle est aujourd'hui portée au coefficient 5, soit 30.000 fr.

Un instituteur avait, en 1914, une pension de 1.666 fr. Il a aujourd'hui une pension de 10.035 francs. Un préposé des douanes avait 1.250 francs. Il a aujourd'hui 6.477 francs. Un facteur avait 1.000 francs. Il a aujourd'hui 6.352 francs.

M. CORNAVIN. Et un général?

M. LE PRÉSIDENT DU CONSEIL, *ministre des finances.* Il y a des maréchaux qui sont mis à la porte de leur maison. (*Applaudissements au centre, à droite et sur divers bancs à gauche.*)

La veuve d'un instituteur avait 555 francs; elle a 5.017 francs. (*Bruit à l'extrême-gauche.*)

Au centre. Ces constatations gênent nos collègues de l'extrême-gauche.

M. ALEXANDRE PIQUEMAL. Elles ne nous gênent pas du tout!

M. LE PRÉSIDENT DU CONSEIL, *ministre des finances.* Je lirai tous les chiffres de mon dossier; ce n'est pas moi qui me lasserai, et si je ne termine pas ce soir, je continuerai demain. (*Applaudissements.*) Vous pouvez être certains que je ne retrancherai rien des renseignements que j'entends donner à la Chambre. (*Nouveaux applaudissements.*)

Je le répète, la veuve d'un instituteur avait 555 francs; elle a aujourd'hui 5.017 francs. La veuve d'un préposé des douanes avait 416 francs, elle a aujourd'hui 3.243 fr.

Vous le voyez, les petites pensions, comme les petits traitements, ont été augmentés dans une mesure qui dépasse de beaucoup le coefficient 5, qui atteint même le coefficient 8 ou le coefficient 10.

On parlait des ouvriers. Eh bien, nous avons, en même temps, relevé les salaires des ouvriers des établissements de la guerre et de la marine. Nous avons maintenu à ces salaires le caractère régional, mais nous avons, dans le second semestre de 1927, procédé à une enquête de manière à comparer soigneusement la situation des ouvriers de la guerre et de la marine avec celle des industries voisines.

Nous avons constaté le bien-fondé d'une partie des réclamations dont nous étions saisis. Il est apparu, en effet, que les salaires des ouvriers des établissements militaires étaient assez sensiblement inférieurs, aux salaires des ouvriers de l'industrie. Nous avons donc consenti aux intéressés à partir du 1er juillet 1927, des relèvements importants, pour rétablir la parité.

M. CORNAVIN. Cinq centimes de l'heure! (*Exclamations.*)

M. LE PRÉSIDENT DU CONSEIL, *ministre des finances.* C'est une augmentation de dépenses de 23 millions par an pour la marine et de 26 millions 1/2 pour la guerre.

Nous avons, en outre, déposé récemment un projet de loi relatif aux retraites des travailleurs de l'Etat, sur lequel je me suis mis d'accord avec votre commission, et avec les intéressés eux-mêmes que j'ai reçus la semaine dernière et à qui j'ai donné satisfaction.

Leur attitude, j'ai plaisir à le dire, a, du reste, été parfaite, car ils m'ont dit que, même si je ne leur donnais pas satisfaction sur les points qu'ils me signalaient, ils insisteraient auprès des députés qu'ils connaissaient pour que le projet fût voté tel quel. Après les avoir entendus, j'ai cru que quelques-unes de leurs demandes étaient fondées, et je leur ai donné satisfaction malgré même l'adhésion qu'ils avaient donnée au premier texte du projet. Plusieurs d'entre vous ont été témoins de ces conversations. (*Applaudissements.*)

Des améliorations correspondantes ont été introduites dans les pensions d'invalidité établies par la loi du 31 mars 1919. Au budget de 1928, ces pensions s'élèvent à la somme totale de 4 milliards 960 millions. Entre le

1er août 1926 et le 1er janvier 1928, elles ont été augmentées de 893 millions.

De 1919 à 1928, la pension d'un grand invalide à 100 %, bénéficiaire des articles 10 et 12, a été portée de 4.250 francs à 21.510 francs; la pension d'un invalide à 100 % tuberculeux a été portée de 2.400 francs à 13.488 fr. et c'est surtout depuis dix-huit mois que tous ces chiffres ont pu être relevés, ce qui est tout naturel, puisque la situation financière s'était améliorée.

M. CORNAVIN. Et les mutilés du travail?

M. LE PRÉSIDENT DU CONSEIL, *ministre des finances.* Les pensions des petits invalides eux-mêmes, des invalides à 10 %, ont plus que doublé; elles ont passé de 240 à 509 francs.

Ces avantages, qui sont évidemment modestes pour les intéressés et qu'il est toujours facile de considérer comme insuffisants — car rien n'est aussi facile, quand on entend prononcer un chiffre que d'en prononcer un plus élevé (*Très bien! très bien! au centre, à droite et sur divers bancs à gauche*) — se traduisent, malgré tout, par de très lourdes charges budgétaires; et ces dépenses accumulées n'ont malheureusement pas rendu facile l'inscription au budget de tous les crédits nécessaires d'autre part, pour le développement de la production nationale. Nous n'avons, cependant, pas négligé les dépenses de cette sorte, ni dans les régions libérées, ni ailleurs.

Nous avons également cherché à limiter le moins possible les dépenses d'ordre social. Voyons, par exemple, l'effort qui concerne la natalité et les familles nombreuses. Je conviens qu'il n'est pas encore suffisant, mais il a atteint des proportions inconnues avant la guerre.

Comparons 1913 et 1928. D'abord, pour les secours aux femmes en couches et pour la protection des enfants du premier âge, et ensuite pour les encouragements à la natalité. Nous constatons un écart énorme.

Allocations aux femmes en couches : en 1913, rien; en 1928, 10.500.000 francs. Allocations aux mères qui allaitent leurs enfants; en 1913, zéro; en 1928, 32 millions. Protection des enfants du premier âge : en 1913, 850.000 francs; en 1928, 2.400.000 francs. Subventions aux œuvres d'assistance maternelle et protection des enfants du premier âge : en 1913, 700.000 francs; en 1928, 5 millions 500.000 francs. Encouragements à la natalité (participation de l'Etat aux primes de natalité allouées par les départements et les communes) : en 1913, zéro; en 1928, 13.500.000 francs. Encouragement national aux familles nombreuses : en 1913, zéro; en 1928, 120 millions. (*Applaudissements au centre, à droite el sur divers bancs à gauche.*)

M. CORNAVIN. Combien dépensez-vous pour la guerre et la marine? (*Bruit au centre et à droite.*)

M. LE PRÉSIDENT. Veuillez cesser d'interrompre.

M. LE PRÉSIDENT DU CONSEIL, *ministre des finances.* Assistance aux familles nombreuses et aux veuves privées de ressources : en 1913, zéro; en 1928, 16 millions. (*Applaudissements à gauche, au centre et à droite.*)

M. CORNAVIN. N'avez-vous pas été président du conseil avant 1919?

M. LE PRÉSIDENT DU CONSEIL, *ministre des finances.* Des augmentations de même importance apparaissent, si l'on compare les dépenses consacrées à la lutte contre certains fléaux ou contre certaines maladies, telles que la tuberculose.

M. CORNAVIN. Ces chiffres sont ridicules! (*Applaudissements à l'extrême-gauche communiste.*)

M. HIPPOLYTE MASSON. On est obligé de faire appel à la charité publique! (*Exclamations au centre et à droite.*)

M. LE PRÉSIDENT DU CONSEIL, *ministre des finances.* Ces chiffres gênent, paraît-il, beaucoup ceux qui veulent donner à croire au pays que les Chambres n'ont rien fait et qu'elles ont négligé leurs devoirs envers les petits, les humbles, envers ceux qui souffrent. (*Applaudissements au centre et à droite.*)

M. LE PRÉSIDENT. Il vaut mieux ne pas répondre aux interruptions.

M. LE PRÉSIDENT DU CONSEIL, *ministre des finances.* Je ne répondrai pas, si j'ai la certitude que les interruptions ne figureront pas au *Journal officiel*, mais si elles y paraissent, je dois y répondre, parce que le pays lit les interruptions et, s'il n'y est pas répondu, il croit que l'on n'a rien à répondre. (*Applaudissements au centre, à droite et sur divers bancs à gauche. — Interruptions à l'extrême-gauche communiste.*)

M. ALEXANDRE PIQUEMAL. Vous cherchez à nous impressionner en citant les millions que représentent les sommes globales; mais dites-nous combien touchent par jour les intéressés!

M. CORNAVIN. C'est de la démagogie électorale! (*Rires au centre et à droite.*)

M. LE PRÉSIDENT DU CONSEIL, *ministre des finances.* Vous vous rappelez que, jusque dans la dernière nuit où le budget a été voté, les deux Chambres ont relevé les crédits destinés aux sanatoria de tuberculeux, et cette initiative n'est pas venue, que je sache, du côté où l'on m'interrompt le plus. Cette initiative a été prise par le Sénat et accueillie immédiatement par la commission des finances de la Chambre et par le Gouvernement.

Je répète que je ne me satisfais en aucune manière des chiffres actuels. J'y vois une tendance, une indication (*Très bien! très bien! au centre, à droite et sur de nombreux bancs à gauche*), mais je ne veux pas qu'on nie cette tendance ni qu'on conteste cette indication. (*Applaudissements sur les mêmes bancs. — Interruptions à l'extrême-gauche communiste.*)

M. **Albert Fournier**. Ce qui est scandaleux, c'est qu'en 1913, après cinquante années de république, les œuvres sociales fussent encore à créer.

M. **Hippolyte Masson**. Et pour les veuves, qu'avez-vous fait?

M. **le président**. Il n'est pas admissible qu'on interrompe à chaque instant M. le président du conseil qui seul, a la parole. (*Très bien! très bien!*)

M. **le président du conseil**, *ministre des finances*. La progression est encore plus sensible au profit des habitations à bon marché.

Suivons, si vous le voulez bien, la marche des prêts consentis à intérêt réduit, soit pour les sociétés et les offices d'habitations à bon marché, soit pour les sociétés de crédit immobilier.

Je rends, messieurs, très volontiers aux députés communistes cette justice que, quand ils interviennent à la tribune, ils y étalent des dossiers au moins aussi considérables que celui-ci et aussi méthodiquement composés, et qu'ils les lisent, ou du moins les consultent avec un soin méticuleux.

Notamment, dans cette discussion, l'autre jour, l'honorable M. Garchery a apporté des allégations, qui étaient toutes en contradiction avec ce que je démontre en ce moment. Je l'ai écouté avec le plus grand soin. Je dirai même qu'ayant la mauvaise habitude de rendre justice à mes contradicteurs, j'ai admiré son discours. Je ne l'ai pas interrompu une seule fois.

M. **Renaud Jean**. Vous avez la mémoire courte.

M. **le président du conseil**, *ministre des finances*. Je ne parle pas de vous, mais de M. Garchery, qui est intervenu l'autre jour dans cette discussion.

J'ajoute même que, rentré au ministère, je me suis documenté sur un certain nombre de ses allégations et que mes collaborateurs ont travaillé d'arrache-pied pendant quelques heures pour me fournir les documents que je leur avais demandés.

Voilà comment j'écoute mes adversaires. Je voudrais bien qu'ils me rendissent la pareille. (*Applaudissements à gauche, au centre et à droite.*)

En 1913, le montant des prêts à intérêt réduit consentis aux sociétés et offices d'habitations à bon marché était nul; il atteignait 15 millions pour les sociétés de crédit immobilier; au total, 15 millions.

En 1925, nous trouvons : 106 millions pour les sociétés et offices d'habitations à bon marché et 105 millions pour les sociétés de crédit immobilier; au total : 211 millions.

En 1926, 119 millions pour les sociétés et offices d'habitations à bon marché, 122 millions pour les sociétés de crédit immobilier, au total : 241 millions.

En 1927, pour les sociétés et offices d'habitations à bon marché : 175 millions; pour les sociétés de crédit immobilier : 125 millions; au total : 300 millions.

Voyons maintenant les charges supportées par le budget général et résultant, d'autre part, du taux d'intérêt réduit : exercice 1913, 56.000 francs; exercice 1928, 66 millions.

Ajoutons à cela les subventions allouées par l'Etat pour la construction d'habitations destinées au logement des familles nombreuses : exercice 1913, rien; exercice 1928, 48.200.000 francs.

Tout n'est pas fait encore, sans doute, dans cette question vitale du logement, si importante pour l'avenir de la France. Du moins, avons-nous, dès maintenant, marqué une orientation, et nous n'avons qu'à continuer dans la voie où nous nous sommes engagés. (*Applaudissements au centre, à droite et sur de nombreux bancs à gauche.*)

Dans un autre ordre d'idées, pour les bourses et les remises universitaires, nous constatons que le crédit est passé de 6.657.000 francs, en 1913, à 95.000.000 francs en 1928.

On voit, messieurs, que tous les crédits ont été relevés dans des proportions qui dépassent de beaucoup le cœfficient 5, c'est-à-dire le cœfficient des prix et le cœfficient des changes et que, par conséquent, malgré la dépréciation de la monnaie, tous ces chapitres sont d'ores et déjà plus largement dotés qu'ils ne l'étaient autrefois.

M. LE PRÉSIDENT. Ne pourriez-vous pas interrompre ici votre discours, afin de nous permettre de suspendre la séance pendant quelques instants?

M. LE PRÉSIDENT DU CONSEIL, *ministre des finances*. Je ne demande pas mieux, mais il est entendu que je reprendrai mon exposé aussitôt après la suspension de séance. (*Applaudissements au centre, à droite et sur plusieurs bancs à gauche.*)

M. LE PRÉSIDENT. La séance est suspendue.

(La séance, suspendue à dix-sept heures, est reprise à dix-sept heures trente minutes.)

M. LE PRÉSIDENT. La séance est reprise.

La parole est à M. le président du conseil pour continuer son discours.

M. LE PRÉSIDENT DU CONSEIL, *ministre des finances*. J'ai indiqué déjà à la Chambre un certain nombre des améliorations qui sont produites depuis le début de cette législature, et, en particulier, dans les derniers temps. J'en pourrais citer beaucoup d'autres.

Jetons, par exemple, un coup d'œil sur les routes, en laissant même de côté les régions dévastées, car il est une remarque qu'il est indispensable de faire et qu'on néglige trop souvent. J'ai entendu, par exemple, un orateur communiste comparer l'effort qui avait été fait pour le logement, pour les habitations à bon marché, pour les familles nombreuses, en France et en Allemagne.

On oublie qu'en Allemagne il n'y a pas eu à réparer

les ruines amoncelées dans des régions dévastées, et qu'en France il y a eu un travail considérable à faire dans cet ordre d'idées; que, dans les régions libérées, on n'a pas seulement reconstruit des maisons ordinaires, on a reconstruit également des maisons à bon marché, des logements ouvriers. On a fait un effort social, en même temps qu'un effort de restauration.

Il est évident que les charges que nous avons eu à supporter de ce fait ont un peu gêné notre action dans le reste du pays.

Jetons, cependant, un coup d'œil sur les routes, en dehors, je le répète, des régions dévastées : entretien et réparations ordinaires, en 1913, 37.300.000 francs; en 1928, 478 millions. Constructions et rectifications, en 1913, 910.000 francs; en 1928, 8 millions. Construction de ponts, en 1913, 1 million 376.000 francs; en 1928, 4.700.000 francs.

Considérons aussi, et surtout, l'admirable essor qu'a pris, depuis deux ou trois ans, l'électrification des campagnes, si utile, si nécessaire pour assurer le retour ou le maintien à la terre des Français, et le développement de notre prospérité agricole. (*Applaudissements.*)

Avant la guerre, aucun crédit budgétaire n'était ouvert à cet effet. Est-ce parce que l'électrification n'existait pas encore? Est-ce parce qu'elle ne pouvait pas être installée? Mais ceux d'entre vous qui, avant la guerre, ont traversé les Alpes ou les Pyrénées, surtout les Alpes, ont pu constater que, de l'autre côté de la montagne, l'électrification était réalisée dans tous les villages. Elle ne l'était, cependant, pas dans les nôtres. Il n'y avait, je le répète, aucun crédit budgétaire.

Depuis trois ans, les sacrifices de l'Etat n'ont pas — au contraire — cessé de s'accroître, et cela sous la double forme de prêts à intérêt réduit et de subventions.

Voici les chiffres :

Montant des prêts à intérêt réduit effectivement consentis par l'Etat aux collectivités locales : année 1925, 9.039.000 francs; année 1926, 22.384.000 francs; année 1927, pour les neuf premiers mois, 24.961.000 francs.

Montant des crédits ouverts au budget en vue d'allouer des subventions aux collectivités locales : année 1926, 59.910.000 francs; année 1927, 94.910.000 francs; année 1928, 100 millions.

Charges résultant pour le budget du service des prêts à intérêt réduit : 1927, 1 million 300.000 francs; 1928, 5 millions.

Rappelerai-je enfin les multiples encouragements qui ont été, en ces dernières années, donnés au crédit agricole, et les remèdes que nous allons apporter aux erreurs et aux abus du lotissement, qui ont fait tant de ravages dans les régions suburbaines?

Entendez-moi bien, messieurs, une fois encore je ne soutiens nullement qu'il faille nous contenter de ces résultats et que nous puissions nous endormir à l'ombre des progrès réalisés. J'admets parfaitement, tout au contraire, qu'on vienne me dire : il reste beaucoup à faire. Sans aucun doute, il reste beaucoup à faire, et il aurait été très désirable qu'on disposât, dès maintenant, de ressources plus élevées. Il ne serait pas juste, cependant, d'oublier qu'au milieu des plus graves difficultés financières les Chambres ont réussi à poursuivre une multitude de réformes et d'œuvres sociales, dont la guerre avait fatalement interrompu la réalisation.

Et je ne parle même pas, en ce moment, de créations, comme celle des assurances sociales, qui n'ont pas de répercussion budgétaire directe et qui ont retenu en même temps l'attention parlementaire. Je pense bien que vous allez voter le projet ces jours prochains.

Pendant que nous nous efforcions ainsi de pourvoir à toutes sortes de besoins démocratiques, nous ne pouvions pas non plus négliger, n'en déplaise à M. Garchery, les mesures d'élémentaire précaution que commande le maintien de la sécurité nationale, ni les dispositions préparatoires qui doivent nous acheminer vers la réduction rapide de la durée du service militaire, et, à ce double point de vue, d'autres dépenses, non moins importantes, étaient inévitables. C'est ainsi que, pour les travaux neufs et pour les approvisionnements de la guerre et de la marine, nous avons dû prévoir, dans notre projet de budget, une augmentation de plus de 1 milliard.

II. — L'AMORTISSEMENT DE LA DETTE PUBLIQUE ET L'AMÉNAGEMENT DES ÉCHÉANCES

Mais, quelles que fussent la diversité et la lourdeur de ces charges, elles ne pouvaient nous détourner de notre devoir essentiel, qui restait l'assainissement de nos finances, préface nécessaire de l'assainissement de notre monnaie. Nous n'avions donc pas le droit de fermer les yeux sur l'énormité de la dette publique, qui nous a été imposée d'abord par la guerre, et, depuis la guerre, par les réparations.

Assurément, ce serait folie de ne pas chercher à alléger peu à peu le fardeau effroyable, qui pèse sur toute l'activité du pays, mais d'autre part, nous ne pouvons pas avoir la prétention de faire supporter exclusivement à la génération présente l'amortissement nécessaire.

Cette génération a eu sa large part de sacrifices. Elle a subi la guerre et les dévastations. Elle a été accablée d'impôts. Elle a travaillé, elle a souffert pour ceux qui viendront après elle. Il est équitable qu'elle n'ait pas à porter seule le poids des dettes contractées. (*Très bien! très bien! sur divers bancs.*)

Il y a donc à établir une cadence, un rythme, qui concilie dans la mesure du possible le passé, le présent et l'avenir.

Mais il ne faut pas non plus trop décharger le présent au détriment de l'avenir, car il n'est pas sans intérêt de marquer immédiatement avec précision et avec énergie la volonté d'amortir.

Au lendemain de la guerre de 1870, ce qui a le plus contribué à relever le crédit de la France, c'est l'opiniâtreté qu'a mise M. Thiers à organiser l'amortissement de notre dette.

Nous avons bien vu, depuis dix-huit mois, que le facteur psychologique n'est pas négligeable dans les questions financières. Les mesures qu'on prend ne comptent pas seulement par elles-mêmes, elles comptent aussi comme symbole d'une politique, comme gage d'une volonté, comme indication d'une idée directrice.

Nous n'avons donc voulu ni écraser les budgets actuels sous une charge trop forte, ni tout rejeter à l'aveugle sur les budgets futurs. Nous avons cherché une moyenne, une moyenne raisonnable, et nous croyons, à tout le moins, nous en être rapprochés.

Quelles sont, en effet, les sommes que nous consacrons, aujourd'hui, à l'amortissement?

Elles ont été calculées par M. Palmade, par M. Landry, par M. Lamoureux, par M. Chéron, qui sont arrivés à des constatations sensiblement concordantes.

On peut évaluer ces sommes à un peu plus de 9 milliards pour 1927 et à un peu moins de ce chiffre pour 1928. D'une année à l'autre il y a une diminution d'environ 200 millions.

Ces 9 milliards d'amortissement sont alimentés par trois catégories de ressources : 1º les recettes budgétaires; 2º les prélèvements sur les versements effectués par l'Allemagne en exécution du plan Dawes; 3º les disponibilités propres de la Caisse Autonome d'amortissement.

Les crédits d'amortissement inscrits au budget sont gagés au moyen des ressources fiscales de l'Etat; mais on les a singulièrement grossis dans certaines argumentations qui vous ont été présentées. Ils représentent une somme relativement modeste, 3.138 millions pour 1927, 2.146 millions seulement pour 1928.

Cette diminution de 992 millions de francs, qui n'est assurément pas négligeable et dont nos contradicteurs ne parlent pas, provient, d'abord, de la suppression du crédit de 833 millions qui était affecté au remboursement des dettes commerciales extérieures et qui a disparu du budget, parce que désormais ce remboursement est imputé tout entier sur les recettes du plan Dawes.

La diminution de 992 millions provient en second lieu, à concurrence de 112 millions, de la conversion de l'emprunt 8 % contracté aux Etats-Unis en 1920.

En effet, bien que la charge prévue pour 1928 soit encore voisine de celle de 1927 et que l'économie à réaliser sur les intérêts ne doive vraiment commencer à se faire sentir qu'en 1929, l'amortissement de l'emprunt, étant différé, ne va plus peser sur le budget. Or, il était de 2.200.000 dollars, à chaque échéance trimestrielle. Voilà donc une économie dès maintenant réalisée.

Je sais bien que, pour mesurer l'effort d'amortissement imposé au pays, il ne faut pas se contenter, bien entendu, de parler des 2.146 millions inscrits au budget de 1928; il faut ajouter à l'amortissement prélevé sur les recettes budgétaires l'amortissement que la Caisse Autonome opère de son côté sur les titres dont elle a la gestion, à l'aide des ressources fiscales que vous lui avez consacrées. Le montant annuel de cet amortissement opéré par la Caisse Autonome — amortissement spécial, distinct de l'amortissement budgétaire — est actuellement évalué à 2 milliards et demi et est garanti par la Constitution.

Si nous totalisons, nous constatons que l'amortissement

prélevé sur l'impôt ne s'est élevé, en 1927, qu'à 5.638 millions et qu'en 1928, il ne dépassera pas 4.646 millions. Le reste de l'amortissement correspond au remboursement des dettes commerciales extérieures et au payement des créances des dommages de guerre et il est imputé sur les produits du plan Dawes, c'est-à-dire qu'il n'est pas à la charge du contribuable français.

Vous voyez, messieurs, que le total de l'amortissement que je puis appeler budgétaire, représente, en somme, une proportion très faible par rapport à l'ensemble des dépenses fournies par l'impôt, un peu plus de 4 milliards et demi sur un budget de plus de 42 milliards.

Il importe de remarquer immédiatement que ces 4 milliards et demi, que l'on grossit dans les raisonnements pour les offrir en pâture à l'opinion, j'allais dire aux électeurs, pour faire des promesses téméraires de dégrèvement, nous ne sommes pas maîtres d'y toucher. Les 2 milliards et demi d'amortissement qu'opère la Caisse Autonome ont reçu, de la loi du 10 août 1926, le caractère constitutionnel.

Quant aux 2.146 millions inscrits au budget général, ils assurent un amortissement qui est tout entier contractuel et pour y apporter une réduction quelconque il faudrait manquer aux engagements pris par l'Etat. Personne assurément, ici, ne peut avoir une intention de cette sorte.

On me dit : si vous avez diminué les charges d'amortissement, en 1928, par rapport à 1927, vous les aviez accrues, en 1927, par rapport aux années précédentes. Je ne conteste pas, bien entendu, que les opérations de consolidation de valeurs à court terme, auxquelles nous avons procédé depuis la fin de l'année 1926, ont effectivement accru dans les écritures budgétaires les crédits d'amortissement. Il a fallu, n'est-il pas vrai? inscrire au budget les annuités nouvelles destinées à assurer le service des titres, intérêt et amortissement du capital compris. Mais il ne serait pas sérieux de prétendre que la charge imposée aux contribuables français par ces écritures ait été ainsi augmentée. La vérité est tout simplement que nous inscrivons désormais au budget, des remboursements en capital qui n'y figuraient pas, mais dont la nécessité cependant s'imposait d'un moment à l'autre.

Précisons.

Le 8 décembre 1925, venaient à échéance des bons du Trésor à court terme. Il n'y avait, ce jour-là, aucun crédit prévu au budget pour les rembourser. Et cependant la situation ne permettait pas de les renouveler. On savait que c'était chose impossible. Que faire? M. Loucheur, alors ministre, examina la situation; il fit courageusement voter, dès le début du mois de décembre 3 milliards d'impôts.

On peut dire qu'en cette circonstance il a opéré un amortissement massif qui n'avait pas été inscrit d'avance au budget, mais qui, à la dernière heure, était devenu inévitable.

De même, pendant l'année 1927, nous avions, pour les titres de la dette intérieure à court terme, des échéances dont le montant s'élevait à 6 milliards environ. De même encore, pour les années 1928 et 1929, nous avions 18 milliards d'échéances en perspective. Pour le remboursement du capital de ces dettes, aucun crédit ne figurait au budget; il n'y était prévu que des crédits correspondant à l'intérêt des titres en circulation.

Fallait-il essayer de renouveler purement et simplement tous ces bons en masse? D'abord, nous n'étions pas absolument sûrs d'y réussir, quelles que fussent les disponibilités du marché et quel que fût l'effet de cette confiance dont on nous a quelquefois félicités et qu'on a quelquefois raillée. Ensuite, ce n'aurait été que reculer la difficulté, rejeter sur l'avenir le soin de rembourser les porteurs. Fallait-il consolider obligatoirement cette dette flottante et exposer l'Etat au risque de manquer à ses engagements, ou tout au moins d'y paraître manquer, ce qui est quelquefois sensiblement la même chose pour l'opinion publique? (*Applaudissements au centre, à droite et sur divers bancs à gauche.*) Fallait-il recourir à une saignée un peu brutale, comme celle dont parlait l'honorable M. Léon Blum?

Nous avons pensé que ce serait là une singulière façon de maintenir le crédit public. Nous avons donc cherché à remplacer les échéances prochaines et ramassées par des échéances échelonnées et plus lointaines, et nous y sommes parvenus.

Nous y sommes parvenus, puisque, comme l'a expliqué si clairement M. Lamoureux, nous avons fait face à toutes les échéances de 1927 et que, d'ores et déjà, nous avons assuré le payement de la moitié de celles de 1928 et de 1929.

Mais, messieurs, en faisant cette opération avantageuse pour la trésorerie dont nous avons ainsi rétabli la sécurité, nous n'avons en aucune manière augmenté l'amortissement. Le capital à rembourser est resté le même. Nous avons simplement espacé les remboursements. Nous avons réparti la charge sur un plus grand nombre d'années et nous l'avons inscrite au budget, alors qu'elle n'y figurait pas.

Nous avons donc fait œuvre non seulement de prudence, mais aussi de sincérité. Mais nous n'avons imposé au pays aucun sacrifice nouveau, bien au contraire.

Assurément, il aurait pu sembler désirable de convertir tout ou partie de ces dettes à court terme en fonds perpétuels. Mais étant donnée la situation actuelle, tout au moins celle d'hier, des opérations de ce genre étaient, pour le moment, matériellement impossibles.

Nous nous sommes cependant acheminés peu à peu

vers ce but encore inaccessible, mais déjà plus rapproché, puisque, à chacune de nos opérations, nous avons réussi à allonger la période de remboursement. Le résultat que nous avons atteint est déjà très appréciable en lui-même, mais en outre il prépare l'avenir.

L'amortissement a, en effet, des conséquences bienfaisantes dans l'ordre financier et dans l'ordre économique. Non seulement il est le signe évident, le signe éclatant d'une politique continue d'assainissement, mais il est un des éléments indispensables d'une restauration économique.

Comme l'a expliqué ici M. Nogaro, chaque fois que l'Etat réduit le montant de ses dettes, il remet dans la circulation un capital tout formé et susceptible de recevoir immédiatement un emploi productif, si bien qu'en se rendant service à lui-même par une bonne gestion des deniers publics, il rend en même temps service à l'économie du pays.

Sans doute, si nécessaire que soit une politique d'amortissement, elle ne doit pas être obtenue au prix d'une fiscalité excessive. C'est, je le répète, une question de mesure, mais, comme je l'ai indiqué, l'amortissement prélevé sur l'impôt en 1928 ne s'élève qu'à 4 milliards 650 millions, soit environ le dixième des budgets de l'Etat et de la Caisse Autonome réunis.

On peut estimer que cet effort est suffisant, on ne peut pas prétendre qu'il soit excessif.

Je note, d'ailleurs, qu'il y a en 1928, sur les crédits budgétaires relatifs à la dette consolidée et à la dette remboursable, une diminution de 1 milliard 973 millions par rapport à 1927. Cette économie porte presque entièrement sur le service de la dette remboursable et elle est le résultat direct de la politique financière que nous avons suivie et en particulier de notre système d'amortissement. Et comme, à cet égard, il a été répandu, en dehors de cette enceinte, des légendes peut-être assez ridicules, il n'est peut-être pas non plus inutile de donner quelques précisions.

Si j'examine d'abord le mouvement de notre dette entre le 31 juillet 1926 et le 31 décembre 1927, je constate qu'indépendamment de la réserve de 6 milliards 1/2 qu'a constituée la Caisse Autonome par son compte créditeur à la Banque, en vue de prochains remboursements de la dette, notre dette publique intérieure a diminué de 1 milliard 15 millions.

Ceux qui disent seulement qu'elle est passée de 281 milliards 779 millions à 284 milliards 464 millions sont des observateurs superficiels.

M. Jean Garchery. M. Chéron a pourtant donné ces chiffres au Sénat.

M. le président du conseil, *ministre des finances*. Je vous demande mille fois pardon. Je vous prie de croire que ce n'est pas à M. Chéron que je réponds, car les chiffres qu'il a cités étaient entièrement d'accord avec les miens. Il n'en a pas tiré les conséquences que vous en avez tirées. Il a pris les chiffres tels que je vais expliquer. Si vous voulez bien m'écouter, vous comprendrez peut-être.

Ils oublient que, dans ce dernier chiffre — que je ne conteste pas dans la mesure où je vais l'expliquer — figurent 3 milliards 700 millions de titres nouveaux des annuités décennales et trentenaires ou des obligations sexennales. Ces 3 milliards 700 millions ont été incorporés dans le montant de la dette publique, mais, en réalité, messieurs, ils ne constituent aucune augmentation. Ici encore, c'est une écriture plus correcte que nous avons voulu faire, mais nous n'avons rien accru.

Les sinistrés étaient certainement créanciers de l'Etat et leur créance n'entrait pas dans les écritures de la dette; mais, en leur payant ce qui leur était dû, nous n'avons évidemment pas accru la dette publique, sinon ce serait accroître ses dettes que de les payer. Je ne sais pas si c'est la pensée de nos collègues communistes, mais ce n'est pas la mienne.

Au surplus, messieurs, la dette inférieure n'est qu'une partie de notre passif. Or, depuis dix-huit mois, notre dette commerciale extérieure a diminué et personne ne peut le nier, de 6 milliards 930 millions, ce qui porte la diminution totale à 7 milliards 945 millions.

Tel est le résultat variable des amortissements que nous avons pratiqués, entre la fin de juillet 1926 et le 31 décembre 1927.

Mais, si vous voulez, considérons maintenant le budget de 1928, par rapport à celui de 1927. La dette y est en diminution de 1 milliard 80 millions. Ce chiffre de réduction est la différence en moins qu'on peut relever au budget de 1928 entre le total des diverses augmentations et le total des diverses réductions. Je rappelle sommairement les unes et les autres.

D'abord les augmentations. On les a souvent exagérées ou présentées sous un jour trompeur. J'en chercherai donc simplement la loyale énumération dans le rapport de M. Palmade, dans celui de M. Fernand Faure, et, pour faire plaisir à mes interrupteurs d'il y a un instant, dans le rapport de M. Henry Chéron.

Ces augmentations tiennent à deux causes générales : en premier lieu, les conversions de dettes à court terme en dettes à long terme, avec les consolidations facultatives que nous avons opérées depuis un an avec le plein assentiment des Chambres; en second lieu, les émissions nouvelles des titres d'annuités au profit des régions libérées.

La consolidation des valeurs à court terme, pratiquée en 1927, représente une charge supplémentaire de 475 millions. Ces 475 millions, vous en trouverez la répartition dans les rapports auxquels je viens de me référer. Nous avons fait deux opérations de consolidation : l'une, de bons du Crédit national, qui avaient été émis en 1922 et qui venaient à échéance le 1er février 1927; une seconde opération, pour la consolidation des bons à trois et cinq ans, de 1922, qui étaient remboursables en septembre 1927.

Ces deux opérations ont, l'une et l'autre, parfaitement réussi et, devant d'aussi favorables dispositions du marché, j'ai jugé possible et opportun, usant des pouvoirs que vous aviez délégués au Gouvernement, de préparer, dès maintenant, la liquidation des lourdes échéances qui incomberaient aux deux années prochaines, c'est-à-dire — nous étions alors en 1927 — 1928 et 1929.

Ces échéances étaient les suivantes : 1er juillet 1928, 1.561 millions de bons du Crédit national, 6 %, juillet 1922;

8 décembre 1928, 6.653 millions de bons du Trésor à trois, six et dix ans;

16 mai 1929, 7.207 millions d'obligations décennales 1919-1929;

20 mai 1929, 3.029 millions de bons du Trésor, à trois, six et dix ans.

Messieurs, j'aurais pu, certes, théoriquement du moins, attendre ces différentes dates, qui sont toutes postérieures aux élections générales. J'aurais pu laisser à la législature prochaine le soin et peut-être l'embarras de faire face à ces lourdes échéances.

Je ne l'ai pas voulu. J'ai cherché à travailler pour l'avenir. On me dit : Il y a un précédent. Il est possible qu'il y ait des précédents. Mais quand il y a des précédents, je veux qu'ils servent à quelque chose pour l'avenir. (*Applaudissements au centre et à droite.*)

Je n'ai pas voulu laisser à l'avenir ces difficultés. J'ai cherché à travailler pour nos successeurs après avoir travaillé pour le présent. A ces successeurs, je ne demande et je ne demanderai jamais aucune reconnaissance mais j'ai considéré comme un devoir d'alléger leur tâche dans toute la mesure du possible. (*Applaudissements sur les mêmes bancs.*)

Nous avons donc profité des larges disponibilités du marché pour effectuer, au mois de mai, une plus vaste opération de consolidation. Nous avons émis, à cet effet, des obligations 6 % amortissables en cinquante ans et remboursables à 150 francs.

Le montant de cette émission a atteint 18.224 millions et nous a permis de reprendre dans cette proportion les obligations et les bons venant à échéance, soit en 1927, soit en 1928.

Mais, naturellement, la transformation de valeurs à court terme en titres à long terme et l'amortissement des nouveaux titres a eu pour conséquence une augmentation provisoire des dépenses.

Pour les bons du Crédit national et les bons à trois et cinq ans consolidés, notamment par l'émission de bons 7 %, la surcharge s'élève à 312 millions. La surcharge qui aurait pu résulter de l'émission de rentes 6 % aurait été de 683 millions. Mais elle n'est pas supportée intégralement par le budget de l'Etat. Au nombre des valeurs que nous avons consolidées se trouvent, en effet, 7 milliards 398 millions de bons de la défense nationale, et la surcharge qui correspond à cette consolidation de dette flottante est, bien entendu, supportée par la Caisse Autonome. Cette charge est d'environ 523 millions.

Si nous déduisons ces 523 millions de l'augmentation totale, il reste donc une somme de 160 millions qui, du chef de cette grande opération de consolidation, vient peser sur le budget de 1928.

D'autre part, comme je l'ai dit tout à l'heure, certains accroissements de crédits à divers chapitres de la dette publique résultent des émissions obligatoires qui ont été faites dans l'intérêt des régions libérées. Il a été émis des titres d'annuités, vous le savez, des titres décennaux, des titres trentenaires, des titres sexennaux, pour un total d'environ 380 millions.

Tout compte fait, et avec d'autres éléments d'augmentation sur lesquels il n'y a pas lieu d'insister, ce serait trop long et trop aride, nous arrivons à un chiffre général d'accroissement de 852 millions.

Mais, je le répète, nous avons à mettre en regard des diminutions beaucoup plus importantes.

Cette politique de consolidation ou de conversion et d'amortissement, qu'on a volontiers représentée comme une politique d'emprunt et qui, tout au contraire, remplace des emprunts dangereux, des emprunts remboursables à court terme, par des emprunts moins menaçants, cette politique a fortifié le crédit de la France et a, peu à peu, abaissé le taux de l'intérêt.

Chaque fois, vous l'entendez bien, que nous avons fait depuis dix-huit mois, une opération de conversion, quelle qu'en fût la forme et quel qu'en fût le lieu, que ce fût en France ou à l'étranger, nous avons tenu à ce que cette opération se fît dans des conditions meilleures que les précédentes. L'amélioration a été, tantôt plus faible, tantôt plus considérable, mais elle a été continue.

Nous avons ainsi réalisé, en ces derniers mois, sur les charges de la dette, une première économie d'environ 340 millions grâce aux remboursements en capital de partie de notre dette commerciale extérieure : crédits hollandais, emprunt à l'Uruguay, avances de la Banque d'Angleterre, bons du Trésor émis en Angleterre, prêt fait par la commission d'évaluation des dommages de guerre en Turquie.

Dans ce premier ordre d'idées, le Gouvernement et les

Chambres ont reçu la récompense tangible de la prudence financière dont ils avaient fait preuve.

Et ce n'est pas tout. Un second bénéfice que nous a procuré votre méthode, c'est l'économie croissante dans le payement des intérêts.

Cette économie annuelle est, dès maintenant, en chiffre rond, de 925 millions de francs. Elle provient en apparence de plusieurs sources, mais elle a, en réalité, une seule origine. Elle est tout entière au crédit de la France et elle constitue un véritable redressement.

D'abord, la baisse des changes diminue d'environ 300 millions les charges de la dette publique.

En second lieu, la baisse du taux d'intérêt des bons du Trésor se traduit par une économie de 134 millions.

En troisième lieu, grâce à la gestion de la Caisse Autonome, grâce aux amortissements déjà opérés, le produit de l'exploitation des tabacs paraît devoir couvrir intégralement, en 1928, les intérêts des bons de la défense, et il résulte de là une réduction complémentaire de 490 millions.

A tout cela s'ajoutent encore d'autres diminutions qu'il serait trop long et, je le répète, un peu aride d'énumérer, et que vous retrouverez d'ailleurs indiquées, soit dans l'exposé des motifs du budget de 1928, soit dans les rapports de M. de Chappedelaine, de M. Palmade, de M. Fernand Faure et de M. Henry Chéron.

Au total, on peut, en classant les réductions en trois catégories, les évaluer dans l'ensemble à 2.500 millions, soit environ :

Remboursement du capital, 340 millions;

Diminution d'intérêts, 925 millions;

Modifications dans les amortissements ou dans la comptabilité, 1.281 millions.

De ces 2.500 ou 2.600 millions de réduction, déduisons maintenant 852 millions d'augmentation. Il nous restera, sur la dette publique consolidée et remboursable à court terme, et indépendamment de la dette flottante, plus de 1.700 millions de diminution nette.

C'est précisément cette diminution, provenant pour la plus large part de la politique financière pratiquée aujourd'hui par les Chambres, qui a permis d'augmenter sans surcharge budgétaire les crédits de la dette viagère au profit des retraités civils et militaires.

La dette viagère est augmentée en 1928 de 1 milliard 302 millions, et dans ce chiffre figurent, pour 650 millions, le rajustement des pensions civiles et militaires et, pour 614.500.000 francs, la majoration des suppléments temporaires des pensions de guerre.

Ces améliorations très légitimes de la situation des pensionnés n'auraient pas pu s'effectuer sans un très grand dommage pour l'équilibre budgétaire si nous n'avions pas précisément réalisé sur la dette publique des économies correspondantes. Et ces économies, nous n'avons pu les réaliser qu'en persévérant dans les méthodes générales que nous avions adoptées et que vous aviez approuvées. (*Applaudissements au centre, à droite et sur divers bancs à gauche.*)

Equilibre budgétaire, amortissement, consolidation, ce sont là des éléments essentiels et indivisibles d'un assainissement financier.

Et aussi bien n'est-ce pas seulement la dette à court terme, mais aussi et avant tout la dette flottante que, d'accord avec la Caisse Autonome d'amortissement, nous nous sommes attachés à consolider.

Au moment où le Gouvernement s'est constitué, les excédents des remboursements de bons de la défense nationale sur les souscriptions obligeaient sans cesse les ministres des finances à faire appel aux avances de la Banque de France et la situation financière devenait chaque jour plus critique.

Depuis la fondation d'une caisse d'amortissement, dont l'autonomie est garantie par la Constitution, tout a changé.

Nous sommes arrivés à éliminer d'abord les bons à un mois, à trois mois et à six mois. Nous avons pu abaisser à 3 % l'intérêt des bons à un an, qui était de 6 % en juillet 1926. Puis, nous sommes allés jusqu'à supprimer les émissions mêmes de bons à un an. La caisse, à l'heure présente, n'offre plus aux souscripteurs que des bons à deux ans, à 4,50 %.

En aménageant ainsi notre dette flottante, nous n'avons pas seulement diminué la charge des intérêts, nous avons aussi reculé les échéances. Elles s'élevaient autrefois à 6 ou 7 milliards par mois; elles ne sont plus désormais, comme je le disais tout à l'heure, que de 3 milliards 200 millions en moyenne, jusqu'au 3 juin 1928.

Et il n'y aura, notez-le bien, aucune échéance de bons du 3 juin au 31 décembre 1928, car les échéances de bons à deux ans ne commenceront que le 1er janvier 1929. De sorte que la nouvelle Chambre se trouvera, où que soit la majorité, en présence d'une situation nette. (*Applaudissements au centre, à droite et sur divers bancs à gauche.*)

M. RAYMOND DAUTHY. Elle aura plus de chance que la Chambre de 1924.

M. LE PRÉSIDENT DU CONSEIL, *ministre des finances.* Vous ne me forcerez pas à revenir sur ce passé.

L'ensemble des précautions que nous avons prises a donc eu pour heureux effet de dégager le Trésor, non seulement aujourd'hui, mais en 1928, des embarras que lui causait la dette flottante.

Et quand on me dit que c'est mieux que dans le passé, je réponds : Oui, c'est mieux que dans le passé. A quoi servirait donc le passé, s'il ne nous servait pas à faire mieux dans l'avenir? (*Applaudissements.*)

En même temps, cette dette flottante a été, en ce qui

concerne, les bons de la défense nationale, diminuée d'environ 11 milliards 800 millions par les trois opérations de conversion d'octobre 1926, avril, mai et juillet 1927 : 3 milliards environ de bons consolidés en obligations à quarante ans de la caisse autonome; 1.400 millions de bons consolidés en obligations à cinquante ans ou escomptés lors de cette opération; 7.400 millions de bons transformés en rente amortissable en cinquante ans.

Bref, on a allégé la dette et on l'a espacée. C'est du reste ce qu'ont très bien montré M. Baréty et M. Lamoureux.

Ces deux bénéfices appréciables, qu'aucun homme de bonne foi ne peut nier et dont, je le répète, nos successeurs profiteront comme nous-mêmes, ont-ils donc, comme on l'a prétendu, de fâcheuses contre-parties?

Je viens de montrer déjà que la charge de l'amortissement avait été compensée par des économies corrélatives; mais je crois devoir insister également sur ce fait que cet amortissement a été étendu sur un espace de temps de plus en plus long.

Sans doute, il n'était pas aisé d'arriver à ce résultat du premier coup. Transformer une dette à très court terme en dette à terme éloigné, c'est une opération qui exige une sorte de confiance irrévocable, perpétuelle, en la solvabilité constante du débiteur.

Je réponds ici, en donnant ces indications, à ceux d'entre les membres de cette Assemblée qui nous parlent de la fragilité de la confiance.

La confiance n'a pas été faite au Gouvernement d'aujourd'hui. C'est lui qui, peut-être l'a suscitée, d'abord par sa composition même, car il apparaissait comme composé d'hommes qui s'étaient combattus la veille et qui, désormais, voulaient collaborer. Evidemment, cette constitution a pu déterminer la confiance, mais ce n'est pas pour nous que nous l'avons eue. Et ce n'est pas pour un an, ce n'est même pas pour deux ans, ni pour trois ans;

c'est pour un avenir qui s'est de plus en plus allongé à mesure que nous faisions nos opérations.

On s'est dit, en effet : décidément, la France est tout à fait sage, tout à fait résolue; elle ne songe plus seulement au présent, elle ne songe plus seulement à demain, elle songe à beaucoup plus tard, elle prépare l'avenir à très longue échéance.

Au début, nous étions en présence de porteurs un peu inquiets, un peu défiants. Nous avons dû nous contenter d'abord de conversions en dettes à dix et à quinze ans.

Mais, peu à peu, le crédit s'est amélioré et nous avons pu obtenir enfin cinquante ans.

Voilà donc une charge qui va se répartir sur un demi-siècle, qui va par conséquent peser en partie sur la génération présente, mais en partie aussi sur les générations futures.

C'est là, n'est-il pas vrai? un système d'amortissement qui n'a certainement rien de précipité et qui ménage aussi équitablement que possible la France d'aujourd'hui et la France de demain.

Sans doute, il est toujours facile de dire : « Amortissez moins et dégrevons. » Mais amortir moins — à supposer que nous le puissions et que la plupart de nos amortissements ne soient pas contractuels, que le reste ne soit pas constitutionnel — amortir moins, ce serait conserver intacte cette masse de dette flottante et à court terme qui a si lourdement pesé sur notre trésorerie et qui a été, les années dernières, la cause d'une si terrible anxiété. A quels expédients n'a-t-on pas alors songé pour l'atténuer ou pour la faire disparaître? Plafond unique, consolidation forcée, inflation, rappelons-nous combien de remèdes nous nous sommes proposés à nous-mêmes ou on nous a proposés, combien de médecins sont venus, les uns après les autres, prendre notre température!

Pour moi, messieurs, je n'ai nullement le désir de revenir à cet âge disparu et je ne souhaite pas davantage que d'autres nous y ramènent. (*Applaudissements au centre, à droite et sur divers bancs à gauche.*)

III. — L'ASSAINISSEMENT MONÉTAIRE

Mais, me dit-on, vous avez écarté un danger pour en faire naître un second. Vous vous êtes mis à l'abri des exigences des porteurs de bons, soit! Mais aujourd'hui, vous avez à compter avec le gonflement excessif des dépôts de votre caisse centrale et vous restez exposé à des demandes inopinées de remboursement.

Cette objection, souvent présentée en ces derniers mois, un peu moins en ces dernières semaines, porte tout à fait à faux.

Remarquons d'abord que l'afflux des dépôts à la caisse centrale n'est nullement la conséquence des opérations de conversion auxquelles nous avons procédé. Il provient et il provient exclusivement, de la stabilité monétaire que nous avons maintenue. Rappelons, en effet, d'un mot, ce qui s'est passé.

Depuis la fin de l'année 1926, la loi que nous avons demandée et obtenue du Parlement au mois d'août 1926, a permis à la Banque de France, en vertu de la convention qu'elle a signée avec l'Etat, d'exercer sur le cours des changes une intervention, et, tout le monde le reconnaît, une intervention très efficace.

En fait, la livre s'est stabilisée aux environs de 124 francs, et le dollar aux environs de 25 francs, et nous possédons à l'heure présente un approvisionnement considérable de devises — vous me permettrez de ne pas donner les chiffres. On en a donné ici, on avait plus de liberté que moi. Je dois dire du reste qu'on n'en a pas donné d'invraisemblables. Nous possédons donc un approvisionnement considérable de devises qui, si le besoin s'en faisait sentir, nous donnerait le moyen de défendre aisément le cours de notre monnaie.

La Banque achète les devises qui s'offrent à elle sur le marché chaque fois que le franc tend à la hausse, et elle vend des devises lorsqu'il se produit une petite poussée, légère, passagère, à la baisse du franc.

Depuis le mois d'août 1926, le franc a presque quotidiennement tendu à monter. Par conséquent, pour le maintenir au taux actuel — j'y reviendrai — dans l'intérêt de l'industrie, dans l'intérêt des travailleurs et dans l'intérêt de l'économie générale du pays, la Banque de France a dû acheter beaucoup de devises étrangères.

Ces achats lui ont été facilités par les rapatriements de capitaux qui se sont produits sous forme de devises revenant en France. Ces devises ont été échangées à la Banque de France par les vendeurs contre des francs, conformément à la loi du 7 août 1926. Mais ces francs ne sont pas restés sur le marché, dont ils excédaient de beaucoup les besoins, et les porteurs les ont, pour la plus grande partie, déposés dans les banques. Celles-ci, les ont reversés à leur compte au Trésor.

Le Trésor s'est bien gardé de s'en emparer et de les utiliser au payement des dépenses de l'Etat : il n'en avait pas besoin.

S'il s'en était servi, il aurait, en réalité, déterminé une inflation, et une inflation périlleuse. Mais, je le répète, il n'y avait aucune nécessité, aucun besoin, aucune raison de recourir à ce triste expédient, puisque toutes les dépenses publiques sont aujourd'hui, grâce à vous et grâce au Sénat, couvertes par des recettes budgétaires.

Nous avons donc pris le seul parti qui fût raisonnable, nous avons versé ces francs à la Banque de France, en restitution de ses avances à l'Etat. Ainsi, à peine créés, ces francs ont été détruits ou, plus exactement, ils n'ont même pas été émis, et tout a été réglé par de simples virements de comptes.

C'est ce qu'explique très clairement la Banque de France dans son dernier compte rendu :

« Les francs émis en contre-partie de ces acquisitions n'ont fait, pour la plus grande part, que passer dans la circulation sans y demeurer. Intégralement gagés par les réserves d'or ou de devises or dont ils constituaient la contre-valeur, ils n'ont pas exercé sur notre économie nationale les répercussions néfastes des émissions de billets provoquées par les déficits du budget ou les défaillances de la trésorerie, parce que leur origine et leur gage inspiraient confiance à leurs détenteurs. Ils n'ont provoqué aucune spéculation malsaine, aucune ascension des prix et, refoulés de la circulation par le ralentissement des transactions, ils ont eu tendance et sont parvenus, jusqu'en les derniers mois de l'année, à faire retour à l'institut d'émission.

« Un important contingent nous est revenu directement par la voie des opérations de report sur devises que nous avons été autorisés par le Gouvernement à consentir au marché de Paris et qui nous ont permis de prêter temporairement, contre versement immédiat de francs, une partie des devises provenant de nos acquisitions.

« Les retraits de francs se sont exercés, d'autre part, par la voie de notre portefeuille d'escompte, et de nos avances sur titres. Mais c'est principalement par l'intermédiaire des caisses publiques que nous sont rentrés, au cours de l'année, les francs émis en contre-partie de nos achats de devises. »

Ce circuit monétaire, messieurs, — puisque c'est l'expression dont on se sert — peut-il, comme on l'a prétendu, offrir quelque danger?

On a soutenu qu'à une heure de crise, les déposants

pourraient se présenter en masse à la caisse centrale, pour réclamer le montant de leurs dépôts et embarrasser gravement le Trésor.

Mais, messieurs, vous pensez bien que, dès la première heure, nous nous sommes prémunis contre ce péril éventuel. A tout moment, vous l'entendez, le montant des comptes de dépôt à la caisse centrale est resté sensiblement inférieur à la marge disponible que le Trésor a à la Banque de France, au-dessous du plafond légal des avances de la Banque à l'Etat. Par conséquent, en contrepartie d'une dette à vue, le Trésor a constamment possédé une créance à vue et il ne s'est jamais trouvé exposé aux difficultés dont on a parlé.

Tout au contraire, les comptes de dépôt de fonds ont contribué, en fait, à régulariser la circulation. Ils ont empêché une inflation, même gagée, et ils ont, par là même, conjuré la hausse des prix.

J'ajoute, messieurs, que nous avons pratiqué, cet été, sur les comptes courants, une ponction très importante, dont M. César Chabrun a parlé avec un dédain dogmatique et presque césarien. (*Rires.*)

Voici donc ce que dit la Banque de France de l'emprunt de conversion ou de déflation dont il s'agit, des raisons qui l'ont motivé et des résultats qu'il a produits. On verra que la Banque est beaucoup moins sévère que l'honorable M. Chabrun :

« Le Trésor a profité des disponibilités exceptionnellement importantes que lui a assurées, pendant tout le cours de l'exercice, non seulement l'accroissement de ses dépôts à vue, mais encore la rentrée parfaitement régulière des impôts, pour atténuer dans des proportions remarquables le montant de sa dette envers la Banque. »

Rappelez-vous, messieurs, qu'au mois de juillet 1926, le maximum légal des avances de la Banque à l'Etat était de 38.500 millions. Les avances réellement effectuées atteignaient, au bilan du 22 juillet, 38.350 millions, et la marge disponible n'était plus que de 150 millions, pour tomber, un jour, à 1 million. La Banque constate aujourd'hui une situation bien différente :

« Le solde débiteur de nos avances à l'Etat, dit-elle, qui atteignait, au 24 décembre 1926, 35.450 millions, avec une réduction, par conséquent, de près de 3 milliards depuis juillet, ne s'élevait plus, dès le 24 février 1927, qu'à 29.600 millions. Il a baissé, depuis lors, presque sans interruption, jusqu'au chiffre de 24.550 millions, inscrit à notre bilan de fin d'exercice du 24 décembre dernier, en diminution de 10.900 millions sur le solde correspondant de l'année précédente.

« Nous avons eu le souci de conférer, dans toute la mesure compatible avec les conditions du marché monétaire, un caractère définitif à ces remboursements exceptionnellement importants.

« Pour parvenir à ce résultat, il était indispensable de résorber et de consolider, par un emprunt à long terme, les capitaux flottants à l'aide desquels ces remboursements avaient pu être opérés. Tel a été le but essentiel de l'émission d'obligations à laquelle l'Etat a procédé, en exécution d'un décret du 13 juin, et par laquelle il offrait aux détenteurs de bons à vue et à court terme, des titres amortissables en cinquante ans. »

C'est de cette conversion que M. Chabrun a déclaré péremptoirement qu'elle n'avait pas réussi. M. Chabrun est toujours assez exigeant lorsqu'il juge les actes des ministres des finances. Je lisais, ces jours derniers, un livre très intéressant de lui — qu'il a du reste bien voulu m'envoyer, ce dont je le remercie ici une seconde fois — et où il traite avec quelque sévérité tous les hommes qui se sont succédé au pouvoir, et plus particulièrement tous les ministres des finances sans exception. Il me permettra de lui dire que la tâche n'est pas facile, qu'elle ne l'est pour personne.

M. César Chabrun. Il me semble que c'est mon droit et mon devoir de formuler des critiques. (*Très bien! très bien! sur divers bancs à l'extrême-gauche.*)

M. le président du conseil, *ministre des finances.* Bien entendu, et je ne conteste pas votre droit. Je constate que vous l'exercez, ce droit, dans un sens péjoratif, voilà tout.

M. César Chabrun. Pas toujours!

M. Alexandre Piquemal. Vous ne voulez que des louanges!

M. le président du conseil, *ministre des finances.* Je ne parle pas de moi en ce moment, je parle de mes prédécesseurs.

Mais ici, M. Chabrun a voulu dire, je pense, que l'emprunt de consolidation décidé au mois de juin n'a pas rapporté des souscriptions aussi considérables que le précédent.

En effet, nous ne nous attendions pas, à quelques semaines de distance, à recevoir de nouveau 18 milliards. Dix-huit milliards tous les trois mois, ç'eût été évidemment dépasser les disponibilités du marché. Mais l'opération n'en a pas moins été très avantageuse pour le crédit public.

M. César Chabrun. Monsieur le président du conseil, voulez-vous me permettre de vous interrompre?

M. le président du conseil, *ministre des finances.* Volontiers.

M. le président. La parole est à M. Chabrun, avec l'autorisation de l'orateur.

M. César Chabrun. S'il s'était agi, dans cet emprunt, de faire l'acte normal et ordinaire qu'on fait dans un emprunt, c'est-à-dire de faire appel au public, je comprendrais votre raisonnement. Mais étant donné que ce que vous cherchiez — et je le comprends — c'était de drainer ce flottant qui pouvait devenir dangereux, je déclare, et j'ai le droit de déclarer que vous ne l'avez pas drainé.

Lorsque la Banque de France se félicite que vous ayez remboursé 4 milliards, évidemment, elle a raison de s'en féliciter : vous ne les lui deviez pas. Vous avez apuré son bilan en lui donnant 4 milliards, que vous ne lui deviez pas. Elle a parfaitement le droit et elle a raison de déclarer qu'elle est très satisfaite de l'opération. Reste à savoir si nous considérons, à un autre point de vue, que cette opération est aussi fructueuse que la Banque de France le dit. (*Applaudissements à l'extrême-gauche.*)

M. LE PRÉSIDENT DU CONSEIL, *ministre des finances.* M. Chabrun, messieurs, abuse d'un axiome juridique que j'ai souvent entendu formuler:«Qui a terme ne doit rien.»

Il est évident que l'Etat ne doit rien quand il a terme. Toute la question est de savoir s'il y a toujours intérêt à attendre le terme pour payer et si, dans certaines circonstances, il ne vaut pas mieux se libérer tout de suite pour améliorer son crédit.

C'est précisément ce que nous avons fait, vis-à-vis de la Banque de France. Pourquoi? pour rendre plus facile la tâche de demain parce que, à mesure que nous avons remboursé la Banque de France, nous avons amélioré le crédit public et la situation de la Banque de France institut d'émission, qui a pour rôle de diriger le marché des changes et dont, par conséquent, le crédit non seulement en France mais à l'étranger est d'une importance vitale pour la France elle-même. (*Applaudissements.*)

Si vous connaissiez comme moi les tentatives amicales qu'entreprennent quelquefois les banques étrangères, même des pays amis, pour enlever à la Banque de France ses moyens d'action sur les marchés du monde et pour les attirer à elles, vous ne me reprocheriez pas, monsieur

Chabrun, d'avoir fait ce que j'ai fait dans l'intérêt de la France. (*Vifs applaudissements.*)

M. RAYMOND POINCARÉ, *président du conseil, ministre des finances.* Messieurs, j'ai tenté hier d'exposer et de justifier, devant la Chambre et devant le pays, l'œuvre financière que le Gouvernement a accomplie depuis dix-huit mois. J'en ai montré les résultats, que je crois avantageux. J'ai répondu ensuite à quelques-unes des critiques dont elle a été l'objet.

Avant de poursuivre cette justification et de montrer aussi — car ce sera la seconde partie de ma tâche — ce qui reste à faire, je tiens à répéter que le mérite et l'honneur des progrès déjà réalisés reviennent au Parlement. Sans lui, le Gouvernement n'aurait rien pu faire.

Certes, nous avons pris des initiatives, mais nous avions besoin, pour réussir, de l'appui de l'opinion exprimée par les représentants de la nation.

Nous sommes donc reconnaissants à tous les députés qui nous ont soutenus de leurs suffrages, et qui ont dû parfois, pour nous suivre, écarter des demandes qui pouvaient, à première vue, leur paraître dignes d'intérêt. Nous les remercions des sacrifices qu'ils ont consentis au redressement budgétaire.

Je suis bien tenté de remercier aussi l'opposition qui nous a refusé ses voix. J'ai regretté, dès le début, de ne pouvoir étendre aux socialistes eux-mêmes l'union que nous avions nouée. J'ai regretté qu'on ne nous permît pas de refaire ce que nous avions fait pendant la guerre et ce que les Belges avaient fait à leur tour, ces années dernières, dans la paix.

J'ai cru, au moment de la formation du cabinet, je crois encore que notre effort d'assainissement financier aurait été plus aisé pour nous, et peut-être plus productif, s'il s'était appuyé sur une majorité plus large.

Du moins, je dois rendre au parti socialiste cette justice qu'il a conduit son opposition sans aucune hostilité, avec modération et avec loyauté et que, tout en tenant le cabinet, comme c'était son droit, en surveillance étroite, tout en ne lui ménageant pas les critiques, — car il ne les lui a pas ménagées — tout en votant toujours contre lui — car il a fidèlement voté toujours contre lui — il n'a pas cherché à entraver son action essentielle.

J'ai donc le droit de dire que le débat en cours devrait se dérouler jusqu'au bout — vous entendez ce que je veux dire par là — comme tous ceux que nous avons eus depuis dix-huit mois, en dehors de toute passion politique, dans le calme et dans la sérénité.

Pour mon compte — je répète volontiers ce que j'ai dit hier — il ne sortira pas de ma bouche une parole qui puisse irriter les esprits, et je m'efforcerai de maintenir à la discussion, même lorsque, cet après-midi ou un autre jour, elle portera sur les ordres du jour, le caractère que doit conserver l'examen de problèmes difficiles, graves, techniques, mais dont peut dépendre l'avenir de la nation. (*Applaudissements à gauche, au centre et à droite.*)

Lorsque la séance d'hier a été levée, je venais de montrer que l'emprunt de conversion du mois de juin 1927 avait, comme les précédents, parfaitement réussi.

Sans vouloir revenir sur cette démonstration, je me borne à citer, pour la rappeler et pour l'achever, ces quelques lignes du dernier rapport de la Banque de France :

« Aux termes d'une convention du 13 juin, l'Etat s'engageait à affecter spécialement le produit de cette émission, réalisée en numéraire, à l'atténuation définitive de sa dette envers la Banque. Ainsi se trouvait affirmée la politique indispensable de l'assainissement monétaire et d'un apurement de notre bilan, qui seule peut nous conduire au terme de nos difficultés financières et à la suppression du cours forcé du billet.

« Nous avons concouru de tout notre pouvoir à la réalisation et au succès de cette opération. Le 31 août, en exécution de la convention précitée, la Banque a reçu du Trésor une somme de 4 milliards 15 millions 800.000 fr. représentant le produit net des obligations émises. Cette somme jointe à un prélèvement de 484.200.000 francs opérée sur le compte d'amortissement, a porté à 4 milliards et demi le montant du remboursement effectué au crédit des avances de la Banque à l'Etat.

« A la suite de ce remboursement et à partir du 1er septembre, le maximum autorisé de ces avances a été abaissé d'un égal montant et réduit de 36 milliards 500 millions à 32 milliards. Notre convention du 13 juin précisait que ce remboursement exceptionnel devait tenir lieu, pour l'année 1927, de l'annuité de 2 milliards fixée par la convention du 14 avril 1920.

« Bien qu'il fût ainsi dispensé pour l'exercice en cours de tout autre effort d'amortissement, l'Etat a effectué, le 31 décembre, par anticipation et à valoir sur l'annuité de 1928, un second versement extinctif d'un milliard. Ce remboursement a donné lieu, comme le précédent, à un abaissement parallèle et équivalent du maximum autorisé de nos avances qui a été ramené à partir du 1er janvier dernier de 32 à 31 milliards. Du 1er janvier 1927 au 1er janvier 1928, la limite légale des avances de la Banque à l'Etat a été ainsi abaissée au total d'une somme de 5 milliards et demi. »

Les dangers qu'on dénonçait complaisamment, hors d'ici, il y a quelques semaines, n'existent donc pas et ils n'ont jamais existé.

Mais on prétend aujourd'hui qu'ils ont été remplacés par d'autres. Lesquels? Un nouvel accroissement, nous dit-on, de la circulation fiduciaire. Et, à l'appui de cette allégation, on établit une comparaison ingénieuse, mais fausse, entre les chiffres antérieurs à la loi du 7 août 1926 et ceux d'aujourd'hui.

On nous dit, par exemple : « Le 5 août 1926, le montant total des billets en circulation était de 57 milliards 259 millions. Or, le 5 janvier 1928, il atteignait 58 milliards 635 millions, c'est-à-dire qu'il a dépassé le maximum précédemment atteint. Donc, le plafond de la monnaie fiduciaire se trouve relevé à des hauteurs inquiétantes. »

Rien n'est moins exact que cette interprétation. Par la loi du 7 août 1926, les deux Chambres ont, à la demande du Gouvernement, autorisé la Banque de France à procéder à des achats d'or et de devises sur le marché, de manière à conquérir peu à peu la maîtrise des changes.

La loi a stipulé que les billets émis par la Banque de France en contrepartie de ces achats ne compteraient pas dans le contingent légal. En effet, l'émission de ces billets n'a nullement pour cause les besoins de la trésorerie. C'est ce qu'explique, parfaitement encore, la Banque de France dans son dernier rapport. Ecoutez plutôt :

« Ainsi qu'on pouvait le prévoir, nos acquisitions de devises n'ont pas été sans influence à la longue sur le volume de nos engagements à vue et de notre circulation de billets, les rentrées de francs n'ayant pas suffi à compenser intégralement les émissions pour achats de devises. La circulation des billets, après être restée sensiblement stable jusqu'au mois de septembre, s'est élevée d'un mouvement presque continu dans les derniers mois de l'année et atteignait à notre bilan de fin d'année, le 24 décembre dernier, le chiffre de 56.300 millions.

« Elle est restée, néanmoins, pendant tout le cours de l'année très inférieure même au maximum de 58 milliards et demi fixé par la loi du 4 décembre 1925, et nous avons pu procéder à toutes nos acquisitions d'or et de devises sans utiliser à aucun moment la marge complémentaire mise à notre disposition par la loi du 7 août 1926.

« Cet accroissement, conséquence des achats d'or et de devises, ne doit ni vous surprendre ni vous alarmer. Il a été constaté, dans le passé, à maintes reprises, dans les périodes où notre encaisse métallique s'est trouvée renforcée ou reconstituée, et n'a pu susciter les mêmes appréhensions que l'inflation née des besoins de l'Etat. »

Il n'y a, en effet, aucune comparaison à établir entre les deux cas, bien que, dans son remarquable discours, et peut-être pour justifier quelques-unes de ses opinions passées (*Sourires*), l'honorable M. Piétri ait cru devoir, un instant, rapprocher l'une et l'autre chose.

Aujourd'hui, la trésorerie n'est point embarrassée. La stabilité monétaire est parfaite. Le budget est en équilibre. Les impôts rentrent régulièrement. Il n'y a donc et il ne peut y avoir aucun prétexte à inflation. Lorsqu'on a eu recours à l'inflation, c'était tantôt sous la poussée des changes, tantôt sous la menace du déficit ou sous le poids des prix, tantôt, enfin, à la veille d'échéances fatales.

Rien de pareil aujourd'hui. Quand la Banque achète des devises, c'est parce que, livré à lui-même, le franc serait entraîné dans un mouvement de hausse peut-être éphémère, peut-être suivi bientôt d'une reprise de la baisse, et funeste, par conséquent, à l'économie nationale. C'est, en d'autres termes, parce que notre institut d'émission entend rester en état de diriger et de diriger toujours le marché des changes.

En fait, messieurs, depuis quelques mois, les achats d'or et de devises ont été considérables, et ce sont les inconvénients de cet excès de richesse qu'on affecte de nous signaler aujourd'hui.

Il est vrai qu'en ces dernières semaines, le circuit que j'ai décrit hier, et que d'autres avaient décrit avant moi, n'a plus fonctionné avec la même régularité. La circulation a baissé de plusieurs milliards dans le premier semestre de 1927. Elle s'est ensuite relevée. Le 5 janvier 1928, elle était de 58 milliards 639 millions; le 12 janvier, de 58 milliards 159 millions; elle retombait, le 19, à 57 milliards 590 millions, et enfin, le 26 janvier, à 57 milliards 127 millions. Elle s'est relevée, comme toujours, en fin de mois, ces jours-ci, d'environ 630 millions. Mais c'est une augmentation passagère et habituelle, qui se produit, je le répète, à toutes les fins de mois. Il reste, en tout cas, une diminution nette de 900 millions depuis le début du mois de janvier.

Pourquoi donc, dans le dernier semestre de 1927, s'était-il produit une augmentation? Pourquoi? Pour plusieurs raisons qu'il est facile de dégager et surtout pour une qui éclate aux yeux : jusqu'à ces mois derniers, le public avait toujours un moyen commode de reverser au Trésor l'excédent de billets ou de crédits dont il disposait. Que faisait-il? Il achetait, et il achetait aisément, des bons à court terme de la défense nationale. C'est grâce aux bons de la défense nationale que, depuis la guerre, l'argent nouveau créé par les emprunts à la circulation faisait immédiatement retour au Trésor, puis du Trésor à l'institut d'émission.

Tel est le mécanisme grâce auquel les déficits accumulés, qui atteignaient des sommes considérables et qui étaient parfois comblés par des avances de la Banque de France, n'ont exercé, après tout, qu'une influence limitée sur le chiffre de la circulation. C'est également ce mécanisme qui a permis, au début, de résorber la plus grande partie des capitaux importés sur le marché par la Banque, lorsqu'elle achetait des devises.

La suppression des bons à court terme, si avantageuse à tant d'égards, a privé, il faut bien le dire, non seulement de gros capitalistes, mais des industriels moyens et même de petits épargnants (*Très bien ! très bien !*) d'un placement à courte échéance, qui était devenu pour eux une sorte d'habitude. Il résulte de là, et il résulte aussi des mesures très sages prises par la Caisse Autonome pour abaisser le plafond des bons de la défense nationale, qu'il y a, en ce moment — c'est une période de transition inévitable — pour les disponibilités flottantes du marché, d'assez grandes difficultés à retrouver leur asile familier. Elles restent sans emploi, et il s'ensuit une sorte de thésaurisation plus ou moins volontaire.

Nous aurions pu, sans doute, s'il y avait eu péril, procéder à une nouvelle opération de ponction, analogue à celle que nous avons pratiquée au mois de juillet dernier. Mais le moment ne nous a pas semblé favorable, et la nécessité ne nous a pas paru s'imposer.

Nous ne pouvions pas non plus demander à la Banque de renoncer actuellement aux achats de devises, c'est-à-dire de laisser rompre, du jour au lendemain, des cours pratiqués depuis un an et de risquer par là un bouleversement des prix, une crise industrielle, et aussi l'anéantissement de l'équilibre budgétaire. Nous avons donc préféré adopter une mesure, qui ne se suffira peut-être pas à elle-même, mais qui, malgré tout, contribuera sans doute à dispenser la Banque de France d'acheter autant de devises pour maintenir la stabilité du franc.

Nous avons, comme vous le savez, suspendu la loi du mois d'avril 1918 qui avait interdit l'exportation des capitaux. Nous avons, d'ailleurs, en cela, répondu à une invitation qui nous avait été adressée ici même par beaucoup de membres de la commission des finances, notamment par M. Margaine, que je vois à son banc.

Sans doute, cette liberté rendue aux capitaux pourra susciter un nouvel afflux de rapatriements. Mais, en revanche, et dans une proportion plus forte, les disponibilités flottantes pourront trouver sur les places étrangères des emplois plus rémunérateurs, et notre marché, ainsi, se dégorgera.

Il est également permis d'espérer que la reprise des mouvements internationaux de capitaux aura pour effet d'atténuer un défaut d'équilibre qui existe aujourd'hui, en France, dans le taux de l'argent. Le taux de l'argent à court terme est très bas : le taux de l'argent à long terme, bien qu'un peu abaissé, est encore assez élevé.

Il y a là une discordance que le va-et-vient des capitaux peut corriger, en même temps qu'il accélérera probablement la reprise déjà accusée par nos rentes et par les autres fonds d'Etat. Mais si nous avons pris des mesures destinées à diminuer, dans l'avenir, les achats de la Banque, nous n'avons point, certes, à regretter ceux qu'elle a effectués et qui ont singulièrement accru son encaisse.

Même lorsqu'ils ne se résorbent pas, les billets émis à l'occasion de ces achats ont pour contre-partie des devises or convertibles en métal à tout moment, lorsque la Banque peut le juger utile. Ce ne sont pas, je le répète, des billets destinés à couvrir un déficit et émis sans aucun gage. Ce ne sont pas davantage des billets qui ont pour origine une augmentation des avances consenties à l'Etat par l'institut d'émission, bien loin de là, puisque le montant des avances, qui s'élevait au mois de juillet 1926, à 38 milliards 350 millions, varie maintenant entre 23 et 24 milliards.

Tout au contraire, il y a, messieurs, dans le bilan de la Banque, 15 milliards d'avances à l'Etat qui ont disparu et, en revanche, un afflux corrélatif de devises convertibles en or. Cette puissante réserve métallique est, naturellement, un précieux élément de succès dans notre travail d'assainissement monétaire.

A plusieurs reprises il s'est produit, dans l'histoire de la Banque, des phénomènes analogues. Après la guerre de

1870, la circulation de la Banque s'est accrue, pendant qu'au bilan l'encaisse or et argent remplaçait les avances faites au Gouvernement de la défense nationale.

Plus tard, dans les quinze ou seize années qui ont précédé la guerre de 1914 et par suite d'une balance extérieure constamment créditrice, la Banque de France a dû, à plusieurs reprises, demander l'élévation de sa limite d'émission pour acheter l'or qui affluait, qui abondait dans notre pays. C'est ainsi qu'elle a constitué la puissante encaisse qui a si efficacement soutenu le crédit public pendant toute la durée des hostilités. (*Applaudissements.*)

Je vois M. Malvy et M. Loucheur qui m'approuvent sur ce point : ils ont été témoins, à certaines heures tragiques que nous avons vécues ensemble, des services que nous a rendus cette encaisse. (*Nouveaux applaudissements.*)

Personne, de 1893 à 1914, n'a songé à reprocher cette politique, ni à l'Etat, ni à la Banque. Cependant, en 1898, la circulation moyenne n'était que de 3 milliards 700 millions et, en juillet 1914, elle était montée à 6 milliards, pendant que l'encaisse passait, de son côté, dans le même intervalle, de 3 milliards 100 millions à 4 milliards 700 millions.

Il faut ajouter, enfin, que par rapport à l'indice des prix, le pouvoir d'achat des billets actuellement en circulation n'atteint pas encore le niveau de notre stock monétaire circulant avant guerre, tel qu'il ressort des calculs de la Banque de France, c'est-à-dire environ 12 milliards de francs 1914.

A quelque point de vue qu'on se place, par conséquent, la circulation actuelle n'offre rien d'inquiétant et la Banque de France peut, en toute sécurité, continuer sa tâche de restauration monétaire. (*Vifs applaudissements à gauche, au centre et à droite.*)

Mais à peine ai-je répondu à un reproche qu'un autre m'est immédiatement adressé et voici maintenant qu'on me dit : « Laissons la Banque de France, laissons l'institut d'émission. Dans tous les cas, la politique que vous avez suivie a mis l'Etat dans la dépendance des banques. »

M. Léon Blum a très loyalement montré ici la fausseté de cette allégation. Elle n'en a pas moins été reproduite avec insistance et même colportée de province en province. Je m'attendais à ce qu'elle retrouvât un écho à cette tribune, mais elle y a pris une forme très atténuée et presque bienveillante envers le Gouvernement. (*Sourires.*) Tout au plus, l'honorable M. Jammy Schmidt nous a-t-il reproché de n'avoir pas encore affranchi complètement l'Etat et le Trésor de relations qu'il juge dangereuses et qu'il voudrait voir cesser ou, du moins, établir sur un autre plan. En même temps, il a exprimé le regret que les banques jouissent en France de ce qu'il a appelé des « immunités fiscales ». A cet égard, il me permettra de lui dire qu'il semble peut-être n'être pas très exactement renseigné.

J'ai déjà eu l'occasion de m'expliquer devant la Chambre sur les rapports de l'Etat et des banques. Je n'ai pas besoin de vous dire que, si je trouve naturel que les établissements de crédit exercent librement leur activité, dans les limites fixées par les lois, j'estime, d'autre part, nécessaire que l'Etat ne soit, en aucune manière, sous leur dépendance. (*Vifs applaudissements à gauche, au centre et à droite.*)

Aussi bien, et quoique ces établissements n'aient jamais à ma connaissance, cherché à abuser des services qu'ils ont été appelés à rendre à l'Etat, ai-je trouvé regrettable que le Trésor eût, à plusieurs reprises, besoin de leurs concours, de 1920 à 1926, et non pas seulement de 1920 à 1924, comme paraît le dire, ce matin, un article du *Populaire* — car le *Populaire*, avec un en-tête énorme, ce matin, déclare : « C'est M. Poincaré qui a crevé le plafond! » (*Rires au centre et à droite.*)

M. Vincent Auriol. Nos collègues ne l'ont pas lu; cela se voit!

M. le président du conseil, *ministre des finances.* En tout cas, messieurs, si c'est M. Poincaré qui a crevé le plafond, c'est lui qui, pour l'avenir, l'a empêché d'être crevé, c'est lui qui l'a restauré et c'est lui qui l'a consolidé. (*Applaudissements au centre, à droite et à gauche.*)

Maintenant, vous parlez du passé. Parlons-en, une fois par hasard. Ce que nous avons fait, nous ne sommes pas les seuls à l'avoir fait, parce qu'on s'est trouvé à plusieurs reprises en présence d'une situation qui, alors, était, en effet, tragique. Mais ce n'est pas à vous que j'ai laissé le soin de le dire. Je l'ai dit moi-même, du haut de la tribune du Sénat, en 1925, et si j'avais eu, à ce moment, l'accès de la Chambre des députés, je l'aurais dit également à la Chambre des députés, parce que, de ce qui a été fait soit par un cabinet, soit par un autre, il n'y a évidemment rien à redire. Tout a été fait au grand jour. (*Applaudissements au centre, à droite et à gauche.*)

M. Pierre Renaudel. Il faudrait que ceux qui vous soutiennent ne tiennent pas un langage différent.

M. le président. Messieurs, veuillez ne pas interrompre. Ne crevez pas le silence. (*On rit.*)

M. le président du conseil, *ministre des finances.* Pas plus aujourd'hui qu'hier, on ne m'empêchera de citer des chiffres, quand j'ai des chiffres à citer. (*Très bien! très bien !*) Je répète que je cite simplement des chiffres, sans même les commenter. Et ce n'est pas la première fois que je les cite.

Il a été demandé aux banques, en octobre 1920, une avance de 893 millions : en septembre 1922, une avance de 300 millions; en décembre 1922, une avance de 525 millions; en octobre 1923, une avance de 525 millions; en mars 1924, une avance de 900 millions; en juin 1924, une avance de 1 milliard 140 millions.

Un membre à droite. Ah! voilà! (*Exclamations à l'extrême-gauche et à gauche.*)

M. LE PRÉSIDENT DU CONSEIL, *ministre des finances.* La situation s'aggravait, c'est incontestable. (*Applaudissements au centre, à droite et sur divers bancs à gauche.*)

Je le dis pour tout le monde. Je n'arrive pas à comprendre que nous nous chicanions perpétuellement sur le passé quand nous avons tant à faire pour l'avenir. (*Vifs applaudissements sur un très grand nombre de bancs.*)

M. FRÉDÉRIC BRUNET. C'est très loyal.

M. PIERRE RENAUDEL. Et dans le pays, quelle campagne ne fait-on pas contre nous!

M. LE PRÉSIDENT DU CONSEIL, *ministre des finances.* Je ne sais qui y va. Je sais qu'on y va, de tous côtés. Moi, je n'y suis jamais allé que pour prêcher l'union. (*Applaudissements au centre, à droite et sur divers bancs à gauche.*)

M. PIERRE RENAUDEL. Nous ne nous laisserons pas accuser par les hommes qui sont les véritables auteurs de la crise que nous avons traversée.

C'est vous, à droite, qui en êtes les auteurs.

M. LE PRÉSIDENT DU CONSEIL, *ministre des finances.* En septembre 1924, l'avance demandée aux banques était de 1.050 millions : en décembre 1924, 1.175 millions; en février 1925, 1.025 millions; en avril 1925, 700 millions; en novembre 1925, 200 millions.

Ces avances ne portaient, du reste, pas intérêt. Elles ont toujours été remboursées, et à très brève échéance. Elles étaient remboursées par des moyens divers, mais comme, d'une part, elles n'étaient évidemment pas sans inconvénient — tout le monde le reconnaissait — et comme, d'autre part, les banques finissaient par s'en lasser, on a été obligé, en plusieurs circonstances, de recourir à d'autres procédés qui ne valaient certainement pas mieux : à la fin de 1924, crédit donné au Trésor par la Banque du montant du fonds Morgan décompté au pair monétaire; en 1925, inflations successives d'avril, de juin, de novembre et de décembre; en juillet 1926, aliénation du reliquat du fonds Morgan.

Et lorsque le cabinet actuel s'est constitué, la situation, je le répète, par la fatalité même des circonstances et du temps écoulé et des difficultés qui s'amoncelaient, était telle que le Gouvernement n'avait plus le choix qu'entre deux solutions : ou une nouvelle inflation, ou un nouvel emprunt aux banques pour la fin de juillet 1926.

Qu'ai-je fait? Je me suis rendu devant les commissions des finances des deux Chambres et je les ai prévenues que, plutôt que de recommencer une inflation, je préférais, quant à moi, m'adresser encore aux banques. Mais j'ai dit : « Je vous promets maintenant, étant donné ce que nous allons faire, étant donnés les impôts que nous allons vous demander de voter, étant donné l'équilibre budgétaire que nous allons à grand prix rétablir, je vous promets que ce sera la dernière fois. »

Et, en effet, à la fin de juillet 1926, les banques ont encore prêté au cabinet actuel 905 millions, que nous leur avons rapidement remboursés. Depuis lors, nous n'avons pas emprunté un centime aux établissements de crédit, et nous avons pris toutes les mesures nécessaires pour n'avoir plus besoin d'eux. (*Très bien! très bien!*)

Il serait donc paradoxal de nous reprocher d'avoir mis l'État dans la dépendance des banques, alors que nous nous rendons cette justice de l'en avoir définitivement affranchi. (*Applaudissements au centre, à droite et sur un grand nombre de bancs à gauche.*)

Je n'ai pas besoin d'ajouter qu'en supprimant les bons de la défense nationale à trois mois, six mois et un an, et qu'en n'émettant plus de bons du Trésor, nous avons pris des mesures plus gênantes qu'avantageuses pour les établissements de crédit...

M. Gratien Candace. Cela ne fait aucun doute.

M. le président du conseil, *ministre des finances.* et nous avons entravé leurs placements à court terme.

Il n'est pas juste, d'autre part, de prétendre qu'on ait maintenu aux banques, au regard du fisc, une situation privilégiée. Il n'en est, messieurs, absolument rien, aussi bien pour leurs opérations propres que pour celles qu'elles accomplissent pour leur clientèle.

Qui donc avait obtenu le vote de la loi du 22 mars 1924! Je crois bien me rappeler que c'était moi. Cette loi contenait des dispositions relatives à l'établissement d'un bordereau de coupons dans les banques, pour aider à la répression des fraudes. Et l'une de ces dispositions, inscrite dans l'article 64, permettait aux agents de l'enregistrement et aux contrôleurs des contributions directes d'exercer leur surveillance, leur contrôle dans tous les établissements faisant profession de payer des intérêts ou des dividendes.

Toute la législation relative au bordereau de coupons a été abrogée. Je ne le regrette pas, mais elle a été abrogée, y compris cet article 64, par la loi du 13 juillet 1925.

Puis, une loi du 4 août 1926 a repris non pas tout l'article 64 que j'avais fait voter, mais une partie seulement de cet article, celle qui avait trait aux vérifications des agents de l'enregistrement; elle n'a pas repris celle qui avait trait aux vérifications des contrôleurs des contributions directes. De sorte que le contrôle que j'avais institué sous la législature précédente a été d'abord abandonné tout à fait, puis repris seulement en partie.

J'ai déjà dit, l'autre jour, et je viens de répéter à l'instant, que je n'en étais pas surpris. L'expérience que j'avais tentée, je suis forcé de le reconnaître, n'avait guère réussi. On s'est aperçu que le bordereau était très difficilement applicable. On a trouvé, d'autre part, que la vérification des contrôleurs n'était pas sans inconvénient. Mais les pouvoirs qu'on a rendus, en 1926, aux fonctionnaires de l'enregistrement, je suis heureux de le répondre à M. Jammy Schmidt, sont depuis lors exercés normalement.

Je comprends donc très bien les raisons pour lesquelles on a renoncé, en 1925 et en 1926, aux principales dispositions que j'avais fait voter et, notamment, au bordereau. A l'épreuve, c'est entendu, ma sévérité avait paru excessive, peut-être même inefficace. Mais, du moins, la tentative que j'avais faite prouve assez que je n'ai jamais eu l'intention de désarmer l'Etat vis-à-vis des banques ou des établissements de crédit, ni des contribuables qui songeraient, comme il y en a quelques-uns, à frauder.

Au demeurant, messieu... , il est complètement inexact que les banques jouissent à l'heure présente d'aucune immunité fiscale.

Lorsqu'elles ne sont pas soumises au droit commun, elles sont assujetties à un régime spécial plus rigoureux, tant pour les impôts qui les frappent que pour le contrôle qu'elles subissent. Il est bon que ces choses-là soient connues. Non seulement, elles acquittent toutes les contributions qui frappent les autres entreprises, mais, pour chacune de ces contributions, elles sont classées dans les catégories les plus lourdement chargées.

C'est ainsi qu'elles payent, bien entendu, la patente, l'impôt sur les bénéfices industriels et commerciaux, la taxe spéciale et progressive sur le chiffre d'affaires, et ainsi de suite.

Quant au contrôle, on voit non seulement s'exercer dans les banques celui auquel sont soumises les sociétés industrielles et commerciales; mais les banques sont, en outre — et c'est une bonne chose — sujettes à des investigations particulières, en vertu de diverses réglementations sur les opérations de change, sur les ouvertures de coffres-forts et les comptes joints, sur les déclarations de décès, sur la perception des impôts qui frappent les coupons étrangers ou les opérations de bourse.

Je dois ajouter, pour rendre hommage à la vérité, que les banques françaises ont fait leur devoir envers l'Etat, aux heures difficiles, et qu'elles n'ont pas cherché à réaliser des bénéfices illégitimes aux dépens du Trésor.

Certes, il appartient au Gouvernement d'user avec vigilance des divers moyens de contrôle dont il dispose, pour prévenir les abus qui pourraient, là comme partout, se produire; mais il n'y a aucune raison de mettre en suspicion, d'une manière générale surtout, des établissements français honorables qui ont souvent à lutter contre de puissantes concurrences étrangères. (*Applaudissements au centre, à droite et sur divers bancs à gauche.*)

Voyez les affiches apposées dans Paris même. La concurrence étrangère est redoutable pour les établissements français, et il ne faudrait pas les placer, en France même, dans un état d'infériorité vis-à-vis de leurs rivaux. (*Très bien ! très bien !*)

IV. — LE REDRESSEMENT FINANCIER
ET LA SITUATION ÉCONOMIQUE

Cela dit, messieurs — et la justice voulait que ce fût dit — j'en reviens aux questions concernant plus directement les finances de l'Etat. Pour résumer la démonstration que j'ai faite jusqu'ici, je crois pouvoir conclure sur les divers points que j'ai touchés. Que l'on considère le budget, la dette publique, la monnaie, la trésorerie, on a le droit d'affirmer que de tous ces points de vue, la situation s'est très sensiblement améliorée.

Nous pouvons, également, messieurs, relever un symptôme très favorable pour le marché de nos fonds d'Etat. Et c'est assurément là un bénéfice qui n'est pas négligeable pour les innombrables Français de fortune modeste, qui n'ont pas cherché, au dehors, des placements avantageux (*Applaudissements*) et qui ont toujours eu foi en l'avenir de la France. Il est réconfortant de comparer les cours actuels à ceux de l'an dernier. Je donne seulement quelques exemples :

Rente 3 % : cours du 23 juillet 1926, 48 fr. 25; cours du 30 janvier 1928, 67 fr. 60.

3 % amortissable : cours du 23 juillet 1926, 60 fr. 05; cours du 30 janvier 1928, 76 fr. 50.

3 1/2 amortissable : cours du 23 juillet 1926, 86 fr. 35; cours du 30 janvier 1928, 90 fr. 85;

5 % 1915-1916 : cours de 1926, 50 fr. 60; cours de 1928, 88 fr. 10.

4 % 1917 : cours en juillet 1926, 43 fr. 60; en 1928, 73 fr. 95;

4 % 1918 : cours en juillet 1926, 43 francs; en janvier 1928, 72 fr. 85;

5 % 1920 amortissable : cours en juillet 1926, 63 fr. 50; cours en janvier 1928, 101 fr. 95. Il a dépassé le pair.

6 % 1920 : cours en juillet 1926, 61 fr. 25; cours en janvier 1928, 96 fr. 90;

4 % 1925 à garantie de change : cours en juillet 1926, 95 fr. 75; cours en janvier 1928, 105 fr. 50;

Obligations des chemins de fer de l'Etat, 4 % 1912-1914 : juillet 1926, 187 francs; aujourd'hui, 342 francs.

5 % 1919 : juillet 1926, 208 francs; aujourd'hui, 389 francs.

Je pourrais en dire autant pour les bons du Trésor et pour les obligations du Crédit national.

Je crois que ce sont là des résultats tangibles de la politique persévérante et opiniâtre que les Chambres ont suivie depuis dix-huit mois dans tous les domaines financiers et monétaires et, ici encore, dans le progrès réalisé, je vois une utile leçon pour l'avenir.

C'est en persévérant dans nos méthodes que nous obtiendrons de nouveaux résultats. (*Applaudissements au centre, à droite et sur un grand nombre de bancs à gauche.*)

Mais, me dit-on, à supposer que tous ces avantages ne soient pas précaires, vous les avez chèrement achetés. Le chômage et la crise industrielle ont été la cruelle rançon de votre expérience financière.

Lorsqu'on m'adresse aujourd'hui ce reproche, je me rappelle les affreux pronostics qu'on avait faits à cette tribune et dans la presse au commencement de l'année 1927, au début de la crise de chômage.

A entendre alors nos contradicteurs, nous étions menacés; vous vous le rappelez, des pires catastrophes.

On est bien obligé maintenant de mettre quelque sourdine aux critiques qu'on nous adresse. On est bien forcé de reconnaître que les sombres prédictions d'il y a un an ou d'il y a dix-huit mois, ne se sont pas tout à fait réalisées. Le chômage a progressivement diminué, la crise a perdu — tout homme de bonne foi en conviendra — toute proportion inquiétante.

Je ne conteste pas cependant qu'il y a eu et qu'il subsiste un certain malaise. Il a sévi dans l'industrie, il a sévi dans l'agriculture. Nous y avons déjà apporté quelques remèdes et il y en a certainement d'autres à appliquer. J'y viendrai dans un instant. Mais je tiens à marquer, une fois de plus, pour répondre à des calomnies aussi absurdes que persistantes, que ces difficultés économiques ont été la conséquence inévitable de la période de désordre monétaire que nous avons connue et non pas de l'ordre que nous avons rétabli. (*Applaudissements au centre, à droite et sur un grand nombre de bancs à gauche.*)

Il n'y a pas un esprit sensé qui puisse vraiment nier

cette vérité. Pendant que le franc se dépréciait, toutes les valeurs économiques étaient faussées. C'était l'époque, vous vous le rappelez, où M. Piétri, où M. Duboin, où M. Nogaro et beaucoup d'autres venaient ici, avec raison, dénoncer les dangers, les périls croissants de l'instabilité monétaire. L'industrie réalisait, par une baisse artificielle de ses prix de revient, des bénéfices accidentels à l'exportation. Elle s'adaptait trop facilement parfois à une situation anormale. Elle vivait dans une fièvre où se consommait sa substance, c'est une expression dont on s'est servi cent fois à cette tribune. C'était là un état de choses qui ne pouvait pas durer.

Il n'y avait que deux moyens d'y mettre fin : ou bien le laisser s'aggraver, comme en Allemagne, jusqu'à l'effondrement total de la monnaie et des rentes, et c'était l'abîme vers lequel nous courions; ou bien freiner énergiquement sur cette route fatale et tâcher de revenir peu à peu à un régime plus normal et moins dangereux.

Dans un cas comme dans l'autre il fallait prévoir une secousse; mais, en cas d'effondrement monétaire, cette secousse devait être mortelle. En cas de restauration, de redressement, elle devait être tout de même assez grave, mais elle devait être salutaire et vivifiante.

Aussi bien, messieurs, suis-je étonné de voir que la politique va parfois, sur ce point, jusqu'à nier l'évidence.

C'est ainsi, par exemple, que, dans un numéro du mois dernier, le *Populaire* m'accusait explicitement...

M. Marius Moutet. Vous lui faites une bonne réclame!

M. le président du conseil, *ministre des finances.* Je ne parlerais pas de ce journal si ses représentants n'étaient pas dans la salle. Mais, comme ils peuvent parler, comme ils pourront me répondre, je n'ai pas de scrupule...

M. Marius Moutet. Nous nous réjouissons de la qualité du lecteur.

M. le président du conseil, *ministre des finances.* Si je fais une réclame au *Populaire*, tant pis pour moi. (*On rit.*)

Ce journal m'accusait, il y a quelques semaines, de coûter à l'Etat — ce qui est vraiment cher, même pour un ancien Président de la République — 100 millions par jour. (*Exclamations et rires.*)

Le *Populaire* a cherché, comme il dit, le baromètre de la crise dans le nombre des wagons chargés quotidiennement en France. Il a constaté la diminution de ces chargements et il a conclu naturellement que j'en étais responsable. (*Rires à droite, au centre et sur divers bancs à gauche.*)

Voilà les raisonnements qu'on présente au public, aux électeurs, et nous allons voir à quel point ils sont fallacieux.

S'ils étaient exacts, que prouveraient-ils? Ils prouveraient seulement qu'il y a eu en 1925 et en 1926 une prospérité artificielle et momentanée résultant de la dépréciation du franc et fatalement condamnée à disparaître. MM. Léon Blum et Vincent Auriol ont eux-mêmes dénoncé à maintes reprises et à bon droit — ils veulent bien le reconnaître et je reconnais là à mon tour leur loyauté — ces inévitables conséquences de la baisse monétaire; il est donc étrange que certains de leurs amis m'imputent aujourd'hui des responsabilités qui assurément ne sont pas les miennes.

Mais, messieurs, il y a mieux : les statistiques invoquées par le *Populaire* n'ont nullement la signification qu'il leur a donnée parce qu'elles ne sont pas complètes. D'abord, remarquons que si l'on veut déduire de l'importance des transports la mesure de l'activité économique d'un pays, il convient, de toute évidence, de ne pas inter-

roger seulement la statistique des wagons chargés, mais
de consulter aussi celle des autres moyens de trans-
port, de la navigation maritime, de la navigation intérieure, des transports par automobiles, par camions, par
camionnettes.

Or, remarquez-le, dans chacune de ces catégories de
transports, il y a eu augmentation sensible en 1927 par
rapport à 1924, à 1925 et à 1926. Le trafic de la navigation intérieure s'est accru de plusieurs milliers de tonnes
et le mouvement des embarquements dans les ports mari-
times s'est sensiblement accéléré — je vais préciser dans
un instant — pendant que se développait, comme nous
en avons tous été témoins, le nombre des camions, des
automobiles, des camionnettes. J'ai du reste, ici, sous les
yeux, tous les chiffres.

Rien, du reste, n'est plus trompeur que de raisonner
sur le nombre de wagons chargés; ce qui peut être intéressant, c'est le nombre de tonnes transportées.

En 1913, année de base choisie par le *Populaire*, le
chargement moyen d'un wagon était de 8,8 tonnes et il
est aujourd'hui de 12,2 tonnes. Tout le raisonnement se
trouve donc faussé. (*Très bien! très bien! au centre et à
droite.*)

Mais surtout, messieurs, je le répète, comparer l'activité économique du pays en 1927 avec celle de 1925 etde
1926 c'est, comme on l'a dit très justement, comparer
la vitesse d'un navire en eau calme avec celle d'un navire
qui est entraîné par un fleuve torrentiel vers un gouffre
prochain. (*Très bien! très bien!*) Entre le naufrage menaçant et le ralentissement de l'allure, nous avons eu le
devoir de choisir. Nous avons choisi et, certes, nous ne
regrettons pas notre choix. (*Vifs applaudissements au
centre, à droite et sur de nombreux bancs à gauche.*)

La crise qui s'est produite était inévitable; elle n'a pas
été la conséquence des mesures que nous avons prises

pour équilibrer le budget et pour redresser le franc, elle a été la suite indirecte mais fatale du désordre monétaire et financier.

La faiblesse d'un convalescent vient de la maladie dont il a souffert; elle ne vient pas des remèdes qui l'ont guéri. (*Nouveaux applaudissements sur les mêmes bancs.*)

J'ajoute que, malgré toute l'habileté qu'on a mise, de certain côté, à exagérer les symptômes de cette crise, elle est, personne ne peut le nier, en décroissance sensible et continue.

L'honorable M. Garchery s'est ingénié, pour nous montrer que les statistiques du chômage étaient imparfaites, à souligner que, par exemple, elles ne relevaient pas le nombre des chômeurs partiels.

Oh! messieurs, on peut toujours, évidemment, discuter la manière dont les statistiques sont établies. Mais, pour se rendre compte d'un mouvement d'augmentation ou de diminution, il suffit de comparer des chiffres relevés dans des conditions identiques, quelles que soient du reste ces conditions.

Voyons donc le nombre des chômeurs secourus en France. Le total a atteint son maximum en mars dernier, s'élevant, le 10 mars 1927, à 82.000. Depuis lors, il n'a pas cessé de baisser et, aujourd'hui, dans une période de l'année où il y a toujours un peu de chômage saisonnier, il varie d'un minimum de 10.000 à un maximum, qui n'est plus atteint, de 16.000.

Ce sont là des chiffres inférieurs à tous les chiffres français d'avant guerre. Ce sont aussi, et surtout, des chiffres très inférieurs à ceux de tous les autres pays d'Europe, même comparativement à leurs populations respectives. (*Applaudissements au centre, à droite et sur divers bancs à gauche.*)

Voici ces chiffres :

Belgique, janvier 1928, 15.924; Italie, janvier 1928,

225.346; Angleterre, janvier 1928, 1.451.000; Allemagne, janvier 1928, 1.745.760.

M. Spinasse indiquait pour décembre un chiffre inférieur, mais il a lui-même très loyalement reconnu que le chiffre s'était sensiblement relevé en janvier 1928.

Russie, 1.350.000, dont 1.127.000 pour l'industrie privée. (*Mouvements divers.*)

M. ALBERT FOURNIER. C'est beaucoup moins qu'ailleurs, en raison du chiffre de la population.

M. LE PRÉSIDENT DU CONSEIL, *ministre des finances.* Oui, mais même calculée par rapport aux populations respectives des deux pays, la proportion est singulièrement plus élevée en Russie qu'en France.

M. ALBERT FOURNIER. Tout le monde travaille en Russie. Voilà la différence. (*Exclamations et rires au centre, à droite et sur divers bancs.*)

M. LE PRÉSIDENT DU CONSEIL, *ministre des finances.* Les signes d'amélioration économique se sont donc multipliés depuis quelques mois et c'est ce que constate encore la Banque dans son dernier compte rendu :

« Le mouvement économique s'est adapté, dit-elle, durant l'année écoulée, aux conditions nouvelles qui lui étaient imposées par la situation monétaire. Cette adaptation, opérée avec la prudence nécessaire par tous les éléments de l'économie nationale, a pu éviter toute secousse excessive. Elle a d'ailleurs été facilitée par la stabilité maintenue depuis la fin de l'année 1926 sur les cours de notre monnaie. Un accroissement notable des exportations dans plusieurs domaines de l'activité industrielle a contribué, en outre, à sauvegarder la marche régulière des entreprises. L'indice des prix de gros, qui était de 640 au début de janvier 1927, est resté relativement stable durant le premier semestre et est demeuré à 636,20. Sous l'influence du fléchissement des prix des denrées agricoles, il s'est abaissé durant l'été et s'établissait à 617 à la fin de décembre. L'indice des prix de détail resté constamment au-dessous de celui des prix de gros et dont le niveau était voisin de 600 à la fin de 1926, s'est abaissé progressivement à 589 au mois de mai, puis à 532 en septembre et s'établissait à 523 à la fin du mois de décembre. Il présente ainsi une diminution de 77 points par comparaison avec le chiffre des prix de détail à la même date de l'année précédente. »

La Banque signale encore d'autres symptômes favorables :

Le tonnage des navires chargés — je complète à cet égard ce que je viens de dire — s'est élevé, tant à l'entrée qu'à la sortie de nos ports, pour les onze premiers mois de 1927, à 83.450.000 tonneaux, chiffre supérieur d'environ 8 millions de tonneaux à celui de la période correspondante de l'année 1926. Le volume de notre commerce extérieur — c'est ici un indice des plus importants — s'est maintenu, durant l'année entière, à des chiffres qui restent supérieurs à ceux de l'année 1926. Les importations atteignent, en effet, 49.359.000 tonnes et les exportations 38.051.000 tonnes. Ces chiffres dépassent ceux de l'année précédente de 3.965.000 tonnes pour les importations et de 5 millions 500.000 tonnes pour les exportations. Voilà pour le volume. Quant à la valeur en francs, au cours actuel, elle est de 52.853.000 pour les importations et de 56.225.000 pour les exportations.

Notre balance commerciale présente donc un excédent créditeur de près de 2 milliards et demi de francs. Ce sont là autant de raisons de confiance et autant de gages de notre prospérité future. (*Applaudissements à gauche, au centre et à droite.*)

Certes, messieurs, si nous nous laissons aller à des dégrèvements prématurés ou à des dépenses excessives, notre œuvre sera vite compromise. Le retour du déficit aurait évidemment aujourd'hui des conséquences funestes et irréparables. Nous devons même, en période électorale rester en garde contre toutes les tentations de prodigalité et de surenchère. (*Applaudissements au centre et à droite.*)

Même encore dans la législature prochaine, il faudra, j'ai le devoir de le dire, que la Chambre et le Sénat sachent résister aux pressions auxquelles la souveraineté nationale est trop souvent en butte de la part de tous les groupements corporatifs. (*Très bien! très bien!*) Associations, syndicats, fédérations défendent avec une ardeur légitime leurs intérêts; mais ce sont des intérêts particuliers ou des intérêts corporatifs.

C'est au Gouvernement, c'est au Parlement qu'il appartient de défendre l'intérêt général (*Très bien! très bien!*), et jamais, messieurs, il n'a été plus vrai de dire que l'intérêt général n'est pas seulement la somme des intérêts particuliers. S'il n'était que cela, il serait vite étouffé, écrasé sous la masse des revendications collectives. Mais il est autre chose : il n'est pas seulement la somme des intérêts particuliers, il est l'intérêt permanent en face des intérêts éphémères; il est ce qui demeure en présence de ce qui passe.

Lorsque des satisfactions immédiates sont de nature à compromettre l'avenir et à tarir les sources de la prospérité nationale, nous devons avoir, messieurs, quoi qu'il nous en coûte, le courage de les refuser.

Cela dit, je suis loin de penser que nous devions nous tenir demain sur une position négative. Nous pourrons assurément, et nous devrons, dans toute la mesure où le permettra cette nécessité de l'équilibre, corriger les imperfections, les défectuosités de notre système fiscal, (*Très bien! très bien!*) et je n'ai fait aucune difficulté de reconnaître, dans la dernière discussion du budget, que certains de nos impôts étaient trop lourds et que d'autres étaient mal assis.

CHAPITRE III

LA POLITIQUE DE DEMAIN

I. — La politique monétaire

Mais je ne voudrais pas que, sous prétexte d'améliorer l'édifice, on le renversât, et, à cet égard il y a des conceptions financières que j'ai entendu exposer en ces derniers mois et qui ne laissent pas, je l'avoue, de me paraître assez fâcheuses.

Elles ne sont pas toutes présentées à cette tribune sous leur aspect le plus brutal; elles m'ont, d'ailleurs, semblé susceptibles de prendre, depuis quelque temps du moins, des formes assez variées. Les plus importantes de ces conceptions ont trait à la réforme monétaire, à la consolidation de la dette et à l'impôt sur le capital.

Sur la première de ces trois questions, les fantaisies individuelles ou collectives ont continué à se donner libre carrière.

J'ai reçu dans ces derniers temps trois sommations différentes : stabilisez tout de suite, mais ne stabilisez pas à moins de 150 francs la livre; stabilisez tout de suite au cours actuel; revalorisez encore avant de stabiliser.

Chose piquante, parmi ceux qui insistent pour une stabilisation légale immédiate il en est — ce ne sont pas les socialistes — qui prétendaient, il y a dix-huit mois que la stabilisation légale exigeait comme condition préalable la ratification des accords sur les dettes interalliées!

M. Bertrand Nogaro. Ce n'est pas moi.

M. le président du conseil, *ministre des finances*. En d'autres termes, ils demandaient alors l'application totale du plan des experts. Ils voulaient ratifier les accords pour obtenir des crédits extérieurs et ils considéraient les crédits extérieurs comme indispensables à la stabilisation. Nous avons, nous, sur ce point que nous jugeons essentiel, pris le contre-pied du rapport des experts. Nous avons prouvé qu'on pouvait se passer des crédits extérieurs et nous avons voulu que les Chambres restassent libres d'examiner quand et comme elles l'entendraient, la question des accords de Londres et de Washington. (*Applaudissements sur de nombreux bancs.*)

Mais maintenant que nous avons ainsi déblayé le terrain, maintenant que nous avons, en outre, relevé le franc du cours de 240 à celui de 124 francs pour une livre, maintenant que nous avons obtenu, depuis plus d'un an, une stabilité de fait, on nous crie : « Qu'est-ce que vous attendez? Le moment est venu; il est même venu depuis longtemps. Pourquoi vous dérobez-vous? Il n'y a plus qu'un mot à dire. »

Je répète que ce ne sont pas les socialistes qui nous tiennent ce langage. Eux, ils sont stabilisateurs et même stabilisateurs immédiats et au cours actuel. Mais la motion de M. Vincent Auriol, votée au dernier congrès national comprenait ce passage :

« Cette stabilisation suppose d'abord la stabilisation de la dette flottante, c'est-à-dire la consolidation, qui sera obtenue comme nous l'avons déjà proposé dès 1925. » Et il proposait des moyens dont quelques-uns, tout au moins, sont, à nos yeux, inefficaces et dangereux. Mais, du moins, il indiquait par là que la stabilisation légale, dans sa pensée, exige un certain nombre de mesures préalables. Je vois M. Léon Blum qui fait un signe...

M. Léon Blum. Simultanées.

M. le président du conseil, *ministre des finances*. Oui, oui, j'entends bien. J'allais faire la rectification que vous faites, M. Vincent Auriol a dit « préalables » et vous, vous avez dit : « simultanées ». (*Rires.*)

Ce n'est pas la première fois que je remarque cette différence et ce n'est pas non plus la seule différence que j'aurai à souligner. Mais cette différence existe; elle existe très bien. Je viens de lire un passage du rapport de M. Vincent Auriol. M. Léon Blum me dit : « préalables, non, concomitantes ». A lire la motion de M. Vincent Auriol, il n'y avait pas à s'y tromper. M. Vincent Auriol disait : « d'abord », mais M. Léon Blum a écrit tout le contraire : « La seule opération que nous considérons non pas comme l'antécédent de la stabilisation, mais comme son complément indispensable, est la consolidation générale de la dette flottante et de la dette à court terme. La consolidation ne doit pas précéder mais elle doit accompagner... » Ce n'est plus : d'abord; ce n'est plus : préalables. (*Interruptions à l'extrême-gauche.*) Cela a une très grosse importance. Si on fait l'opération en deux temps, on peut attribuer la responsabilité de l'échec de la première opération à ceux qui ont fait la seconde et, inversement, attribuer l'échec de la seconde à ceux qui avaient la responsabilité de la première. Politiquement, ce n'est pas la même chose.

M. Léon Blum. Nous nous entendons très bien.

M. le président du conseil, *ministre des finances*. « La consolidation ne doit pas précéder, mais elle doit accompagner. Il nous sera facile, je le dis en passant, de lui trouver des formes très acceptables pour la masse des porteurs en reprenant, par exemple, les projets de Bedouce et d'Auriol sur les obligations des tabacs partiellement et timidement appliquées par la caisse d'amortissement. Sous cette unique réserve, la stabilisation n'est pas pour nous un aboutissant, un terme, mais un point de départ... »

Sur ce point, nous sommes d'accord, et je crois que tout le monde sera d'accord.

« Je répète qu'en ce qui me concerne, je la crois possible dès demain. Le problème auquel on se heurte n'est plus technique, mais politique.

« ...Si le Gouvernement tarde, c'est qu'il veut pouvoir dire aux électeurs : nous ne stabiliserons le franc que lorsque l'union nationale sera elle-même stabilisée. »

Je prie M. Léon Blum de croire que, si le Gouvernement tarde, c'est qu'il a d'autres raisons de tarder et j'en indiquerai tout à l'heure quelques-unes. Mais je retiens que, d'après M. Vincent Auriol, à part la légère, ou plutôt la sérieuse différence que je viens d'indiquer, la question de la dette flottante peut se poser et que M. Léon Blum et M. Vincent Auriol la poseront tous deux le jour où on songera à stabiliser à quelque taux que ce soit. Or, je le répète, la consolidation qu'envisage le parti socialiste, même avec les atténuations vagues esquissées par M. Léon Blum, m'apparaîtrait comme une grave menace contre le crédit public et nous tournerions alors dans un cercle sans issue, car c'est folie d'imaginer qu'une stabilisation légale règle tout par elle-même. M. Margaine a très justement marqué le contraire l'autre jour.

On a créé à l'aide de ce mot de stabilisation et autour de lui une sorte de mystique bien étrange (*Très bien ! très bien ! au centre*), mais derrière le mot, il faut voir la chose. Une stabilisation est une chose par elle-même compliquée, et un stabilisateur compétent et réfléchi, M. Gaston Jèze, qui a écrit, comme vous le savez, de très nombreuses et très savantes études sur la question, a fait remarquer récemment dans un article de la *Dépêche de Toulouse* que beaucoup de ses lecteurs, que beaucoup de personnes ignoraient le sens réel de cette expression.

Alors, il a voulu prendre soin d'allumer la lanterne, et voici comment il a défini la stabilisation légale :

1° La levée du cours forcé : désormais la Banque de France ne sera plus dispensée d'échanger ses billets contre de l'or sur la présentation des porteurs de billets;

2° L'échange des billets de banque contre de l'or aura lieu au taux nouveau fixé par la loi de stabilisation.

Lorsque le Parlement votera une loi pour prendre ces mesures monétaires, croit-on que tout changera par enchantement? En aucune manière.

C'est ce que démontrait, à la séance de clôture du dernier congrès des conseillers du commerce extérieur, le rapporteur général, M. Rocca. Je vous demande pardon de vous faire tant de lectures, mais il y en a quelques-unes qui, véritablement, sont nécessaires, non pas pour la Chambre, mais pour le lecteur du *Journal officiel* (*Applaudissements*), pour le lecteur de nos comptes rendus, pour le pays qui, quelquefois, se paye de mots et ne connaît pas les réalités qui sont masquées par des expressions courantes.

Voici donc ce que disait M. Rocca :

« La stabilisation légale ne dispose pas, pour défendre la monnaie, d'armes matérielles supplémentaires à celles dont dispose l'Etat pour défendre la stabilité de fait. Elle ne présente donc pas de sécurité plus grande. Dans un cas comme dans l'autre, la stabilité n'est assurée que par le crédit (*Très bien ! très bien ! au centre*), même si celui-ci n'est que moral. Réserve d'or, garantie internationale sont des arguments dans le procès toujours pendant devant l'opinion. Ils n'ont que peu de puissance par eux-mêmes et ils ne résisteraient pas un instant à un affaiblissement de la confiance. C'est donc une dangereuse erreur de supposer que la stabilisation légale protégerait la monnaie contre les conséquences d'une mauvaise gérance financière du pays. Elle ne ferait qu'en rendre les effets plus dramatiques. Par suite, si le Gouvernement, seul en possession des pièces de ce dossier, estime qu'il faut perdre espoir et rendre définitif et légal la dévaluation actuelle du franc, on ne peut, contrairement à certaines impatiences, attendre de lui qu'il y procède avant d'avoir acquis la certitude qu'il ne fait que consacrer un état d'équilibre naturellement stable et que la confiance est assez solidement obtenue et justifiée depuis assez longtemps pour résister à toutes les secousses vraisemblables. (*Très bien ! très bien ! au centre.*)

« La stabilisation légale poserait d'autres redoutables questions. En dehors de l'Etat, dont le cas de force majeure est de plus atténué par le fait qu'il n'est que le facteur commun des citoyens, on conçoit mal que la stabilisation légale ait pour effet d'enrichir définitivement certains contractants et de frustrer définitivement leurs contre-parties.

« Vous avez exprimé votre manière de voir à ce sujet, lors de votre assemblée générale de mars et nous sommes certains que, dans l'hypothèse de la stabilisation, des solutions équitables peuvent et doivent se trouver à cette grave difficulté. »

Rien de plus juste, messieurs, dans l'ensemble, que ces observations. Les difficultés signalées ne sont pas les seules, on s'en est aperçu depuis quelques jours en Belgique.

M. Jules Lemire. Très bien!

M. le président du conseil, *ministre des finances.* Peut-être quelques-uns d'entre vous ont-ils lu le dernier discours de M. Vandervelde qui critique ce qu'a fait le gouvernement dont il a fait partie, qui regrette qu'on ait stabilisé à 175, alors, dit-il, qu'on pouvait stabiliser dans des conditions meilleures.

Je ne juge pas, bien entendu, je constate que des hommes peuvent regretter ce qu'ils ont fait et que, par conséquent, non seulement on a le droit, mais encore on a le devoir d'envisager tous les éléments d'un problème aussi complexe avant d'apporter à la Chambre, qui aura à dire le dernier mot, les solutions qui lui seront proposées. (*Applaudissements.*)

Il faudra certainement revenir tôt ou tard — et le plus tôt sera le mieux — à la convertibilité en or, aussi vite que les circonstances le permettront, mais il faut le faire dans des conditions telles que l'opération se poursuive et s'achève avec le minimum de dommages et avec le minimum d'injustices.

Il me semblerait donc prudent, pour les partis et pour les Chambres, de ne pas donner, en cette matière, au Gouvernement de conseils trop impérieux et d'attendre qu'il vienne prendre devant elles ses responsabilités à une heure qui n'est point encore sonnée. Il prendra ses initiatives et il vous soumettra ses projets.

Cette réserve des Chambres, messieurs, serait d'autant plus sage que toutes les solutions, quelles qu'elles soient, ont ici leurs avantages et leurs inconvénients et que les experts les plus qualifiés ont, d'ailleurs, très souvent, émis, en France comme ailleurs, des opinions changeantes.

Tel qui parlait, il y a deux ans, de stabiliser à 95, nous reprochait, lorsque le franc s'est redressé, en 1926, de ne pas l'arrêter assez vite dans son mouvement de hausse et il me comparait, je me le rappelle, à un mécanicien qui ne saurait pas arrêter son train dans les gares. Un autre — peut-être, du reste, était-ce le même? (*Sourires*) — voulait, il y a trois mois, stabiliser à 150.

M. Gaston Jèze et M. Léon Blum se sont vigoureusement élevés contre cette conception qui, après la stabilisation de fait actuelle, leur paraît constituer une faillite volontaire et une atteinte inexplicable aux droits des rentiers. (*Vifs applaudissements.*)

Mais il ne faut pas croire non plus, messieurs, que la stabilisation, aux cours présentement pratiqués, ou qu'une revalorisation nouvelle, puisse, l'une ou l'autre, aller sans léser des intérêts et sans soulever des protestations.

« La revalorisation totale, nous disent les stabilisateurs les plus convaincus, exigerait un nombre indéterminé d'années, une longue série d'adaptations pénibles. Une revalorisation partielle poserait elle-même, ajoute-t-on, en une ou plusieurs fois, de graves problèmes économiques et budgétaires de réadaptations nouvelles et successives. »

Cela est vrai. Mais il est vrai aussi qu'une stabilisation, même au cours actuel, fera immédiatement surgir des questions nombreuses et extrêmement graves.

D'abord, il est probable que nous serons presque aussitôt forcés de porter au coefficient 5 — puisque, dans l'hypothèse que je choisis en ce moment, ce serait au coefficient 5 que serait faite la stabilisation — toutes les dépenses budgétaires qui ne sont encore affectées que d'un coefficient de majoration inférieur, notamment les traitements et les pensions de nombreuses catégories de fonctionnaires moyens et supérieurs. En même temps, les rentiers qui s'estimeraient lésés et parmi lesquels il en est, certes, d'intéressants, ceux, par exemple, qui, ayant fait constamment confiance à l'Etat, ont gardé depuis longtemps des titres nominatifs ou des titres qu'on peut identifier — ce qui n'est point une situation, du reste, facile à contrôler — ces rentiers protestent déjà. Ils nous en avertissent, ils nous en ont averti tous ces jours derniers, ils nous en ont averti à la tribune même. Ils nous disent qu'ils demanderont des compensations. Quelles compensations et de quel chiffre?

Ces jours derniers encore, dans la *Dépêche de Toulouse*, M. Gaston Jèze, qui prenait leur défense, nous disait loyalement : « Il faudrait voter des impôts nouveaux et considérables. »

Toutes ces demandes, si elles se produisaient, auraient fatalement une répercussion immédiate sur l'équilibre du budget et, si l'équilibre était rompu, la stabilisation légale serait immédiatement compromise et tout serait à recommencer le lendemain. (*Applaudissements au centre, à droite et sur divers bancs à gauche. — Mouvements divers à l'extrême-gauche.*)

Je m'excuse, messieurs...

M. VINCENT AURIOL. C'est très important.

M. LE PRÉSIDENT DU CONSEIL, *ministre des finances.* Je comprends très bien qu'il ne soit pas très agréable pour la Chambre ni pour le public de connaître les difficultés de toutes les solutions... (*Parlez ! parlez !*)

M. HENRY FRANKLIN-BOUILLON. C'est indispensable.

M. LE PRÉSIDENT DU CONSEIL, *ministre des finances,* mais avant que des campagnes s'engagent sur ces questions si techniques, si difficiles, ne pas mettre l'opinion en garde contre les solutions simplistes et illusoires, j'avoue que je ne voudrais pas prendre cette responsabilité. (*Vifs applaudissements.*)

M. LÉON BLUM. Monsieur le président, il ne faut attribuer nos mouvements qu'à une extrême attention et à la petite émotion causée par vos dernières paroles.

M. LE PRÉSIDENT DU CONSEIL, *ministre des finances.* C'est bien ce que je veux dire. Je ne me plains pas du tout d'avoir été interrompu. J'ai voulu tâcher de dégager l'émotion qui s'emparait de la Chambre et que je comprends très bien. Je l'éprouve moi-même.

M. ALEXANDRE VARENNE. Vous avez créé une sensation prolongée.

M. LE PRÉSIDENT DU CONSEIL, *ministre des finances.* C'est précisément parce que je l'éprouve que je ne veux prendre la responsabilité de venir devant la Chambre que le jour où toutes les conditions auront été réalisées; de telle manière que la solution soit, non pas la meilleure — elle ne sera jamais la meilleure — mais qu'elle soit la moins mauvaise. (*Applaudissements.*)

Je répète qu'il serait puéril de supposer que, le jour où un Gouvernement viendra devant vous, il lui suffirait de vous dire « légalisez la stabilisation » pour que tout fût réglé tout de suite, par enchantement.

Non pas! Le lendemain, on retrouverait toutes les difficultés de la veille, aggravées de beaucoup d'autres.

Ceux qui plaisantent ce qu'ils appellent la mystique de la confiance feraient donc bien de n'y pas substituer aujourd'hui la mystique de la stabilisation légale.

Lorsqu'il s'agit de crédit, le rôle de la psychologie est certainement prédominant, mais lorsqu'il s'agit de convertibilité en or, ce sont les éléments techniques qui l'emportent et qui doivent l'emporter, et ces éléments techniques sont extrêmement complexes.

La Chambre comprendra, par suite, que je continue à garder dans cette question toute la réserve nécessaire et que je n'aie point à cet égard la même liberté de parole que des hommes, si compétents qu'ils soient, qui, pour notre malheur, ne sont pas aujourd'hui au Gouvernement (*Sourires.*)

L'heure viendra où le Parlement, dans la prochaine législature, pourra être saisi et devra être saisi de ces problèmes d'assainissement monétaire. Mais, en attendant que cette heure ait sonné, ne nous faisons pas, nous ne devons pas nous faire l'illusion de croire qu'il s'opérera une transformation magique lorsque des projets, quels qu'ils soient, auront été votés.

C'est à ce moment-là, au contraire, je le répète avec insistance, quelle que soit la solution adoptée, qu'il faudra redoubler de sagesse et de vigilance.

M. Henry Franklin-Bouillon. Et d'union.

M. LE PRÉSIDENT DU CONSEIL, *ministre des finances.*
L'exemple de l'Italie, comme celui de la Belgique, sont
là pour nous l'apprendre. (*Très bien ! très bien !*)

II. — LES MESURES FINANCIÈRES A ÉCARTER

Or, précisément, messieurs, c'est à cet instant critique que le parti socialiste veut entreprendre une consolidation massive de la dette flottante et un essai de prélèvement sur le capital.

Je crains fort que de telles expériences, pour reprendre
le mot qu'on applique à notre œuvre et qui s'applique-
rait, je crois plus exactement à ce qui n'est pas fait qu'à
ce qui est fait, à l'avenir éventuel qu'au passé, je crains
fort, dis-je, que de telles expériences ne compromettent
irrémédiablement la stabilisation à laquelle on entend
procéder.

En ce qui concerne, d'abord, la consolidation forcée,
je sais bien qu'on nous la présente maintenant avec
quelque euphémisme et qu'on cherche à en dissimuler
plus ou moins le caractère obligatoire. Vous l'avez vu
dans l'article de M. Léon Blum. Mais sous quelque dehors
qu'on la masque, cette consolidation reste celle dont
on nous a menacés à la fin de 1925.

Or, comme l'a fort bien remarqué M. Lamoureux,
comme l'ont remarqué M. de Chappedelaine et M. Nogaro
les circonstances ne sont plus du tout les mêmes.

A la fin de 1925, lorsque, malgré M. Lamoureux, les
socialistes ont fait incorporer la consolidation forcée des
bons à court terme dans un projet gouvernemental, leur
objectif, très légitime, était d'éviter une inflation prochaine et menaçante. A cette date, la situation était si
grave que, si opposé que personnellement je fusse à la
consolidation forcée, j'ai dit moi-même à plusieurs

reprises au Sénat que je préférerais la consolidation forcée à l'inflation. (*Très bien ! très bien !*)

Oui, je l'ai dit et je l'ai pensé, ce qui ne voulait pas dire que je désirais une consolidation forcée. Ce que je voulais dire, c'est qu'entre deux maux il fallait choisir le moindre. (*Applaudissements à l'extrême-gauche.*)

Mais oui! Mais aujourd'hui c'est tout autre chose. Aujourd'hui, de ces deux maux, vous n'avez plus à en choisir aucun. (*Vifs applaudissements au centre, à droite et sur de nombreux bancs à gauche.*)

La trésorerie est en mesure de faire face à toutes ses obligations et, pour qu'elle reste dans cet état de prospérité, il suffit qu'on persévère dans la politique financière que les Chambres ont suivie. (*Très bien ! très bien ! sur les mêmes bancs.*)

La Caisse Autonome a poursuivi et continue à pratiquer un excellent programme de consolidation volontaire et progressive des bons de la défense nationale.

On lui reproche de ne pas amortir assez vite, et ceux qui lui adressent cette critique sont souvent les mêmes qui reprochent à l'Etat d'amortir trop et trop vite. Ils ne prennent pas garde que la situation n'est pas la même pour l'Etat que pour la Caisse.

La Caisse a dû constituer, tout d'abord, comme je l'ai expliqué, une provision voisine de 7 milliards, sans laquelle il lui eût été impossible d'entreprendre la vaste opération de remboursement de tous les bons à un an qu'elle poursuit actuellement.

C'était là, par la force même des choses, la première partie de son programme. Elle avait à se garantir et à garantir l'Etat contre les échéances massives de bons de la défense nationale à court terme ou, si vous préférez contre la panique que les montants de plus en plus massifs de ces échéances avaient pu provoquer peu à peu dans la nation.

La Caisse Autonome avait, comme nous-mêmes, le devoir de parer au plus pressé, et c'est ce qu'elle a fait.

Avec les ressources au début insuffisantes dont elle disposait, notamment avec les recettes de l'impôt sur les successions, elle a amassé une réserve considérable et les fonds de roulement dont elle avait besoin.

Cependant, elle a aussi, dès maintenant, affecté une partie de ses ressources à l'amortissement, puisqu'elle fait le service des obligations amortissables émises par elle en octobre 1926 et des obligations 6 % amortissables émises en échange de bons de la défense nationale.

En outre, vous avez vu que, dans sa séance du 21 janvier dernier, le comité financier de la Caisse, présidé par mon ami M. le sénateur Milan, a sensiblement abaissé le maximum des bons.

Ce maximum était, en 1927, de 46 milliards. Avec la marge de tolérance fixée par la loi du 7 août 1926, il pouvait, en réalité, atteindre 48 milliards 760 millions. Il a été réduit, pour 1928, à 38 milliards 268 millions, c'est-à-dire, en tenant compte de la tolérance de 6 %, à 40 milliards 564 millions.

La réduction de principe est donc, dès maintenant, supérieure à 8 milliards, et les mesures ont été prises pour la réaliser rapidement.

Il n'y a qu'à continuer dans cette voie et à la même cadence et, en quelques années, l'amortissement des bons de la défense nationale s'achèvera sans difficulté.

J'ai montré que, d'autre part, pour les bons à court terme, les mesures que nous avions prises nous-mêmes avaient déblayé le terrain devant nous.

Il n'y a donc aucune bonne raison, ni même aucune mauvaise raison, pour recourir, aujourd'hui, à une consolidation forcée, qui ferait apparaître l'Etat comme manquant à ses promesses et qui constituerait, par là, une grave atteinte au crédit public. (*Applaudissements au centre, à droite et sur divers bancs à gauche.*)

J'ajoute que, supprimer du jour au lendemain, par une consolidation massive et obligatoire, tous les bons à court terme et tous les bons de la défense, ce serait certainement causer de très grands embarras aux industriels, aux commerçants et aux agriculteurs, qui ont contracté l'habitude d'avoir de ces valeurs dans leur portefeuille en vue d'échéances déterminées. On risquerait donc d'ouvrir une crise nouvelle.

Il est à tous égards moins dangereux et il est aussi plus simple et plus rationnel de continuer et d'achever avec esprit de suite l'amortissement tel que nous l'avons commencé.

Peut-être conviendra-t-il bientôt, comme M. Lamoureux l'a indiqué, d'examiner s'il n'y aurait pas lieu d'étendre les attributions de la Caisse Autonome à l'ensemble de notre dette publique. C'est une question dont je me suis préoccupé. Je sais que la commission des finances s'en est occupée de son côté. Mais, avant de la régler, mieux vaut, je crois, attendre que la première partie du programme de la Caisse, c'est-à-dire la transformation des bons à court terme en bons à deux ans, ait été complètement réalisée.

Dès que l'heure aura sonné, je m'entendrai avec le conseil d'administration de la Caisse Autonome.

Besoin ne sera pas, du reste, d'élargir ses attributions. Elle ne s'appelle pas seulement Caisse de gestion des bons de la défense nationale, elle s'appelle Caisse d'Amortissement de la dette publique. Elle peut donc être chargée, lorsque nous le voudrons, lorsque vous le voudrez, de l'amortissement des différents types de rente, en vue, d'ailleurs, tant de réduire la consistance de la dette elle-même que de préparer la conversion de celle-ci.

Mais à chaque jour suffit sa peine. Aujourd'hui, elle

nous a débarrassés d'échéances à répétition, elle a commencé la réduction de la dette flottante, elle nous a dispensés pour l'avenir des consolidations forcées, dont, du reste, l'Angleterre a parfaitement su et pu se passer et qui ne s'imposent pas plus à la France qu'à la Grande-Bretagne.

Continuons donc, messieurs, à suivre la route que nous nous sommes tracée. Le but est devant nous. Ne nous aventurons pas sans aucune nécessité sur des chemins de traverse.

Comment ne pas faire des réflexions analogues à propos du prélèvement sur le capital?

Je comprendrais qu'ici encore on vînt nous dire : nous avions pensé, il y a quelques mois ou quelques années, à une saignée brutale, suivant l'expression de M. Léon Blum; nous étions alors dans une situation extrêmement grave, nous pouvions nous croire à la veille d'une catastrophe, nous avions jugé nécessaire de recourir à des opérations chirurgicales pour sauver la France. Mais aujourd'hui, nous sommes bien forcés de reconnaître que le péril est à tout le moins peu menaçant et, dès lors, nous n'avons plus besoin d'infliger à notre pays un traitement aussi énergique.

Si l'on me tenait ce langage, je répondrais : vous avez raison. Je ne vous demande pas du tout de confesser que votre traitement aurait été dangereux, il y a dix-huit mois, mais je vous sais gré de reconnaître qu'il est aujourd'hui superflu.

Ce n'est malheureusement pas tout à fait ainsi que se pose la question. On ne veut pas brûler ce qu'on a adoré. Il est très rare qu'on brûle ce qu'on a adoré. (*Sourires.*)

On n'adore pas non plus ce qu'on a brûlé. Il est encore plus rare qu'on adore ce qu'on a brûlé. (*Sourires.*)

Mais, si je comprends bien, on cherche à présenter maintenant dans la douceur de la pénombre des idées qu'on aimait à placer autrefois en pleine lumière. On nous parle moins volontiers d'un prélèvement exceptionnel sur le capital, on nous parle plus volontiers d'une contribution progressive, peut-être exceptionnelle, sur la fortune. C'est, d'après M. Frossard, une de ces idées-forces qui créent les grands courants d'opinion. (*Applaudissements et rires au centre et à droite.*)

Le changement de nom ne s'est cependant pas fait sans motif et il semble bien qu'on ait surtout cherché à remplacer aujourd'hui par un vocable nouveau un vocable un peu discrédité.

M. Léon Blum a mis toute son ingéniosité à expliquer qu'en abandonnant le mot on n'avait pas abandonné la chose. Ses explications, que j'ai là, ne manquent assurément pas d'intérêt. Du reste, rien de ce qui se trouve sous la plume ou qui tombe de ses lèvres ne manque d'intérêt.

Tout l'habileté de M. Léon Blum ne me paraît cependant pas avoir réussi à éclaircir ni à éclairer complètement la question.

Il nous parle d'un sacrifice exceptionnel qui serait demandé à la fortune acquise et qui aurait pour objet de remplacer les taxes de consommation. Mais il ne nous dit pas combien d'années durerait l'exception de ce sacrifice. Il ne nous dit pas davantage de quelle façon, par quels moyens, par quels procédés, il serait appliqué ou imposé aux contribuables. (*Interruptions à l'extrême gauche.*)

Vous m'avez demandé, messieurs, ce que je faisais ou ce que je proposais. Je vous demande simplement ce que vous proposez ou ce que vous faites. Nous avons évidemment le droit de nous poser les uns aux autres ces questions. C'est l'A. B. C. du régime parlementaire.

Messieurs, ce n'est pas que l'expression d'impôt sur la fortune ou sur la fortune acquise soit de nature à bien m'effrayer. Ce n'est même pas qu'elle soit bien nouvelle, car elle n'a pas toujours été prise dans un sens bien révolutionnaire.

J'ai de vieux souvenirs. C'est la seule supériorité que j'aie sur vous; mais je la garde. Du reste, je ne peux pas m'en débarrasser. (*On rit.*)

Je me souviens que, le 5 décembre 1893, cette expression a été prononcée à cette tribune. Et ce n'était pas par M. Pelletan, ce n'était pas par M. Jaurès, c'était par M. Casimir-Périer, dans la déclaration du ministère qu'il venait de former.

Voici ce qu'il disait :

« Nous pensons qu'il faut plus équitablement repartir le poids de l'impôt (*Très bien! très bien!*)... »

M. Cornavin. On le dit encore aujourd'hui.

M. le président du conseil, *ministre des finances.* Oui, mais je vous montrerai ce qu'on a fait et même, puisque c'est l'habitude dans cette Chambre, je vous montrerai ce que j'ai fait.

Je continue ma lecture :

« ...qu'il faut tenir compte des modifications qui se sont produites depuis un siècle dans la distribution de la fortune publique et dans les valeurs respectives des éléments qui la composent, remanier les contributions directes pour leur rendre le caractère qu'avait voulu leur donner l'Assemblée constituante et atteindre surtout la richesse acquise. (*Vifs applaudissements au centre et à gauche.*) » (*Rires à l'extrême-gauche.*)

Je ne pense pas que ce soit à la façon de M. Jean Casimir-Périer que les socialistes veuillent aujourd'hui frapper la richesse ou la fortune acquise. Mais, à vrai dire, les renseignements qu'ils nous donnent sont un peu vagues.

Qu'est-ce donc, dans son dernier avatar, que le prélèvement sur le capital?

Dans plusieurs articles du *Peuple*, M. Chastanet a parfaitement montré que l'assiette d'un impôt sur le capital ou sur la fortune pourrait se heurter, aujourd'hui, à de nombreuses et graves difficultés. Je ne veux pas chercher de meilleur témoignage que celui-là. Je retiens, notamment, des conclusions de M. Chastanet les observations suivantes :

« N'oublions pas qu'il s'agit là d'une opération extraordinaire, qui ne saurait servir qu'à des besoins exceptionnels. Il est naturel que les nations y aient songé après la guerre. Après un tel bouleversement dans les budgets, c'était là le moyen le plus brutal, certes, mais aussi le plus équitable, de faire payer la guerre par les privilégiés. Le moment est-il toujours opportun et n'a-t-on pas attendu trop longtemps?

« Sans nul doute, le moment présent est moins favorable. En effet, on a eu recours à des excès de fiscalité, on a accumulé impôts sur impôts. Comment, dès lors, ajouter encore, à ces impôts multiples, un autre impôt plus lourd?

« J'entends qu'on parle aussitôt de dégrèvement. Mais l'opération du prélèvement exige un délai qui peut être plus ou moins long, en tout cas toujours trop long en la matière. Il est des fortunes qui ne permettraient pas de versements immédiats et qui auraient besoin de nombreuses annuités pour s'acquitter du prélèvement.

« D'autre part, pour obtenir de notables dégrèvements, il faudrait que le prélèvement procurât au Trésor une somme assez élevée, 100 milliards pour le moins, ce qui équivaudrait à un amortissement appréciable de la dette. Mais a-t-on réfléchi au nombre d'assujettis qui serait nécessaire pour obtenir un pareil résultat? Il serait obligatoire de frapper lourdement les classes moyennes, celles qui, précisément, payent déjà les plus lourds impôts. Est-il possible d'y songer seulement?

« Bref, tout cela nous autorise à dire qu'en 1918 ou en

1919, et même en 1925, avant le vote des 15 milliards d'impôts, le prélèvement sur le capital pouvait être envisagé de gaieté de cœur et pouvait être considéré comme une opération nécessaire. Aujourd'hui, il se présente dans des conditions difficiles, pour ne pas dire plus, et c'est ce qui explique les discussions ouvertes à son sujet.

« Est-ce à dire qu'il ne faut nullement songer à réformer notre système fiscal et à demander un plus grand sacrifice à la fortune acquise, ne serait-ce que pour soulager les petits et les moyens contribuables? Certes, oui, il le faut. Mais c'est là un problème dont la solution est moins simple à trouver que d'aucuns ne l'imaginent. A cette solution, pourtant, devront s'atteler les dirigeants de demain. » (*Applaudissements à gauche, au centre et à droite.*)

M. VINCENT AURIOL. N'applaudissez pas trop!...

M. PAUL CHASSAIGNE-GOYON. Ces déclarations sont d'un homme très sage.

M. EDOUARD BUSSAT. D'un homme de bon sens.

M. LE PRÉSIDENT DU CONSEIL, *ministre des finances.* A quelques mots près, j'aurais signé cet article. (*Applaudissements à gauche, au centre et à droite.*)

Je dois, en tout cas, rendre hommage à la franchise et au courage de celui qui l'a écrit. (*Nouveaux applaudissements sur les mêmes bancs.*)

M. CAMILLE BÉNASSY. Reste à savoir si c'est du courage! (*Exclamations à droite et au centre.*)

Sur divers bancs. A quinze heures!

M. LE PRÉSIDENT. M. le président du conseil désire, je crois, continuer.

M. LE PRÉSIDENT DU CONSEIL, *ministre des finances.* Oui, monsieur le président, je désire continuer, sous réserve, bien entendu, des préférences de la Chambre.

Je pourrai terminer à midi et demie, ou recommencer à quinze heures, comme la Chambre le voudra.

Voix nombreuses. A quinze heures!

M. LE PRÉSIDENT. J'entends demander le renvoi à quinze heures de la suite de la discussion.

Je consulte la Chambre.

(Le renvoi est ordonné.)

M. LE PRÉSIDENT DU CONSEIL, *ministre des finances.* Je m'excuse, messieurs, de devoir poursuivre mon discours cet après-midi. (*Vifs applaudissements répétés au centre, à droite et sur de nombreux bancs à gauche. — Sur ces bancs, MM. les députés se lèvent et acclament l'orateur.*)

M. RAYMOND POINCARÉ, *président du conseil, ministre des finances.* Messieurs, lorsque j'ai quitté cette tribune tout à l'heure, à midi, j'ai constaté avec plaisir que j'avais exprimé dans un discours trop long... (*Non ! non !*)

M. LOUIS MADELIN. Indispensable.

M. LE PRÉSIDENT DU CONSEIL, *ministre des finances.* Si! trop long, mais nécessaire... la pensée de la grande majorité de la Chambre et de l'unanimité du Gouvernement.

J'ai appris en même temps que, si loin que mes souvenirs personnels me permissent de remonter, il y avait cependant à reconnaître qu'ils étaient encore bien récents par rapport aux leçons de l'histoire.

« Vous avez parlé, m'a dit au moment où je regagnais le banc du Gouvernement, mon collègue et ami M. Herriot, vous avez parlé, à propos du prélèvement sur le capital, de M. Jean Casimir-Périer que vous avez connu et que vous avez entendu ici en décembre 1893. Mais, a-t-il ajouté, on peut remonter plus haut. Ouvrez le livre de M. Gabriel Hanotaux sur le gouvernement de M. Thiers. Vous trouverez au tome Ier un passage où il est dit qu'en 1871 le général Chanzy lui-même s'était servi du mot et avait envisagé la chose. »

En recueillant cette intéressante indication, dont je remercie de nouveau mon collègue et ami M. Herriot, je me suis répété une fois de plus qu'un écrivain de grand talent, M. Albert Thibaudet, avait singulièrement eu tort de railler, dans un livre récent, ce qu'il a appelé « la république des professeurs ». Quant à moi, j'ai éprouvé ce matin même une fois de plus que la république des professeurs était la très heureuse contre-partie ou tout au moins une très heureuse contre-partie de la république des avocats. (*Applaudissements et rires.*)

Je me suis donc immédiatement reporté, entre les deux séances au livre de mon ami, M. Gabriel Hanotaux; et toutes les métaphores dont on a pu se servir pour définir les mouvements d'histoire, bascule, balancier, spirale, me sont immédiatement revenues à l'esprit. Voici en effet ce que j'ai lu à la page 310 du tome Ier :

« Revenons à la question d'argent. » — C'est M. Hanotaux qui parle — « Comment la France fit-elle face à la somme énorme qu'elle devait payer dans un si court espace de temps, si elle voulait libérer rapidement son territoire et supprimer la charge qui, du fait de l'occupation, pesait sur elle?

« Dans d'autres pays, et notamment en Angleterre, les dépenses de cette nature sont, dans la mesure du possible, mises à la charge de l'impôt. Des sentiments analogues se firent jour en France, après les désastres de 1870-1871. On eut l'idée de recourir à une souscription publique volontaire. » — Déjà! (*On rit.*) — «Elle échoua.» — Déjà!

M. PIERRE RENAUDEL. Hélas!

M. LE PRÉSIDENT DU CONSEIL, *ministre des finances.* Cela prouve que les hommes ne changent pas beaucoup.

« Des systèmes plus efficaces furent soumis à l'assemblée nationale. MM. de Carayon-Latour, Philippoteaux, le général Chanzy, demandèrent que le capital mobilier et immobilier de tous les Français fût frappé d'un impôt extraordinaire, jusqu'à concurrence du montant de l'indemnité de 5 milliards.

« Ils évaluaient le capital de la France à une somme de 100 à 150 milliards. Un sacrifice de 3,5 à 5 % sur la fortune de chacun aurait suffi pour assurer la libération complète de nos charges. On recula devant les difficultés de la perception et devant les conséquences d'un déplacement immédiat et direct de sommes aussi considérables. »

Ainsi, messieurs, le général Chanzy, M. de Carayon-Latour, et M. Philippoteaux — que j'ai personnellement beaucoup connu et beaucoup estimé et qui était un député modéré des Ardennes — ouvraient, dès 1871, la voie à une idée que les socialistes d'aujourd'hui ont reprise après une nouvelle guerre victorieuse certes, mais pénible et coûteuse.

Cette idée n'a donc rien, en elle-même, de spécifiquement socialiste (*Applaudissements à l'extrême-gauche*); mais elle est, suivant l'expression dont on se sert «exceptionnelle ». C'est l'épithète qu'emploient pour la définir le général Chanzy et M. Léon Blum, M. de Carayon-Latour et M. Vincent Auriol. (*Sourires.*)

Or, dans l'article du *Peuple*, que j'ai lu ce matin à la tribune, M. Chastanet a parfaitement montré que des mesures exceptionnelles de cette sorte peuvent s'appliquer à la rigueur dans des circonstances tragiques et désespérées, mais qu'il est pratiquement impossible et même dangereux de les mettre en œuvre dès que le péril que l'on redoutait est éloigné.

On me dit, il est vrai, que, pour combler le déficit du budget, pour nous arrêter sur le bord même de l'abîme, nous avons dû recourir à des moyens d'occasion, qu'on qualifie du néologisme de « superfiscalité ».

Superfiscalité! Qu'entend-on par là? On ne prétend pas, je suppose, que nous avons créé des recettes comme à plaisir et au delà des besoins du budget. Non, certes. Nous n'avons demandé que les impôts strictement nécessaires, et l'on pourrait même soutenir — je l'ai dit avec timidité, avec prudence — que le budget de 1928 est dans un équilibre un peu juste, sinon un peu fragile.

Nous avons réalisé des économies beaucoup trop faibles encore à mon gré. Mais, hélas! elles ont rencontré plus de résistances que d'approbation, et, si nous comparons les dépenses supplémentaires qui nous ont été proposées aux réductions qu'on nous a offertes, la différence est encore— vous ne le contesterez pas — dans le sens des dépenses.

Donc, nous n'avons demandé que la somme d'impôts rigoureusement indispensable à l'équilibre. Sans elle, nous étions perdus; sans elle, le franc ne se serait pas redressé; sans elle, notre crédit public était anéanti.

Veut-on dire que nous aurions pu choisir d'autres impôts que ceux que nous avons fait voter, et que notamment nous aurions pu réserver une part plus large aux impôts directs et moins large aux taxes de consommation? Assurément la répartition, à laquelle nous nous sommes arrêtés n'était pas la seule qu'on pouvait envisager; pour l'avenir elle n'a rien d'immuable et elle reste sujette à correction. Mais je vous prie de ne pas oublier que nous avions à peine huit jours pour nous décider et pour vous demander de vous décider vous-mêmes, que nous étions au bord de l'abîme, qu'il fallait immédiatement recourir aux impôts nécessaires et que quelle que fût aux uns ou aux autres notre connaissance de la situation et des contributions possibles, nous ne pouvions cependant pas nous arrêter à un examen très approfondi et très prolongé.

Nous avons été forcés d'aller au plus pressé. Il nous fallait des rendements immédiats et continus que les

impôts directs à ce moment — on a bien voulu le reconnaître, même de ce côté de la Chambre (*l'extrême-gauche*) — ne pouvaient nous fournir, et que les impôts de
consommation étaient seuls, dans une crise de cette
sorte, de nature à nous assurer.

Nous n'avons donc pas à regretter ce que nous avons
fait.

Est-ce à dire que nous entendions demeurer assis,
immobiles, les bras croisés devant le système fiscal actuel?
Loin de là, messieurs, et je vais, dans un instant, insister,
au contraire, sur l'utilité de certains remaniements
successifs.

Mais, pour que ces remaniements soient à la fois équitables et financièrement utiles, il ne faut pas qu'ils se
résument dans un prélèvement sur le capital ou sur la
fortune, qui donnerait un rendement illusoire.

Dans la pensée de M. Blum, ce prélèvement devrait
être fait, si je ne me trompe, au lendemain d'une stabilisation légale décidée au cours actuel, c'est-à-dire, parlons net, au lendemain d'un prélèvement énorme opéré
sur la fortune de tous les porteurs de fonds d'Etat et
d'obligations des chemins de fer. (*Applaudissements au
centre, à droite et sur divers bancs à gauche. — Interruptions à l'extrême-gauche.*)

M. BEDOUCE. C'est déjà fait.

M. LE PRÉSIDENT DU CONSEIL, *ministre des finances.*
Je n'aperçois pas alors très bien comment on pourrait,
au lendemain de ce premier prélèvement, imposer, sans
une injustice criante, aux mêmes contribuables, un nouveau sacrifice au profit de la communauté.

Personne, j'imagine, n'y pourrait songer sérieusement.
Le prélèvement serait donc, je suppose, limité à ceux qui
ne seraient pas déjà touchés par la stabilisation; il serait
limité vraisemblablement à l'industrie et à l'agriculture,
il les atteindrait ainsi l'une et l'autre dans une période

de crise et de souffrance et il ne contribuerait guère sans doute à relever la production.

Puis, combien d'embarras les contribuables propriétaires d'usines ou de terres cultivées n'éprouveraient-ils pas pour mobiliser et pour acquitter leur dette envers le fisc? Les patrons ne supporteraient sans doute pas seuls les conséquences de ces troubles et de ces complications et il serait à craindre que les salariés n'en devinssent eux-mêmes les victimes, peut-être les premières victimes. (*Applaudissements au centre, à droite et sur divers bancs à gauche.*)

M. Pierre Renaudel. C'est admirable!

III. — L'aménagement rationnel
des charges publiques

M. le président du conseil, *ministre des finances.* Ce n'est donc pas par des mesures brutales qu'on peut améliorer un régime fiscal, c'est par toute une série de réformes progressivement entreprises et prudemment réalisées.

Oh! messieurs, je me rends parfaitement compte que, dans le monceau, dans l'amas de nos impositions, il en est qu'il faudra reviser ou même supprimer à mesure des possibilités. J'ai dit déjà, dans la discussion du budget, que je trouvais moi-même excessifs les droits de mutation sur les immeubles et les droits de transmission sur les valeurs mobilières. (*Très bien ! très bien !*)

J'ai déjà admis qu'on allégeât les charges qui pèsent sur l'agriculture et, dès que nous trouverons, soit par des économies, soit par des plus-values qui peuvent normalement résulter de la progression de la production, soit par des taxes de remplacement, les moyens d'alléger les impôts les plus gênants et les plus onéreux, ce sera là certainement une œuvre saine et juste à laquelle nous devrons consacrer nos efforts et notre activité. (*Applau-dissements au centre et à droite.*)

Je n'ai jamais été, messieurs, un partisan fanatique et aveugle des impôts de consommation, bien loin de là.

M. CLOTAIRE BAROUX. Vous en avez institué tout de même beaucoup.

M. LE PRÉSIDENT DU CONSEIL, *ministre des finances.* C'est ce que je viens de dire! Il est inutile de le répéter...

M. PIERRE RENAUDEL. Ce n'est pas une justification!

M. LE PRÉSIDENT DU CONSEIL, *ministre des finances.* Il est vraiment inutile de répéter tout ce que je dis, ou alors faites-le toujours, même quand je dis quelque chose que vous n'approuvez pas. (*Sourires.*)

Il y a trente-quatre ans, messieurs — je vous demande pardon d'évoquer des souvenirs aussi lointains — il y a trente-quatre ans, étant déjà à cette tribune, et déjà ministre des finances, je soutenais pour la première fois, je crois, au nom d'un gouvernement, l'idée de la pro-gression dans l'impôt sur les successions, progression dont j'avais pris l'initiative, au risque, du reste, d'être un peu malmené de tous les côtés de la Chambre.

Je la soutenais pour les raisons suivantes, qui sont encore bonnes aujourd'hui, elles n'ont pas trop vieilli :

« Comme personne ne peut nier que la proportionnalité dans l'ensemble de notre régime fiscal, soit faussée par la présence des taxes de consommation, je prétends que ce serait véritablement une bien mauvaise querelle à soulever que de soutenir que le législateur n'a pas le droit de rectifier la proportionnalité d'un côté après qu'il l'a faussée de l'autre. (*Très bien ! très bien ! à gauche.*) Ce serait un singulier privilège à faire aux impôts directs et ce serait aussi un dommage par trop inique à causer aux petits contribuables que de dire qu'on a le droit de détruire la proportionnalité de l'impôt par les taxes indi-rectes et qu'on n'a pas le droit de la rétablir par une

certaine progression établie dans une autre catégorie
d'impôts. » (*Applaudissements à gauche, au centre et à
droite.*)

Voici ce que je disais en 1894.

M. LOUIS MALVY. C'est la justification de la progression.

M. CORNAVIN. Nos collègues de droite n'en veulent pas.

M. LE PRÉSIDENT DU CONSEIL, *ministre des finances.*
Tout le monde a tout de même fini par la voter et tout
le monde a fini, après l'avoir votée, par modifier les taux,
quelquefois dans un sens un peu rigoureux, quelquefois
dans un sens plus modéré, mais tout le monde ayant pris
définitivement son parti d'une réforme que j'avais pro-
posée.

M. AUGUSTIN DESOBLIN. Tout le monde ne paye pas
progressivement.

M. LE PRÉSIDENT DU CONSEIL, *ministre des finances.*
Voilà ce que je disais en 1894 comme ministre des finances. Douze ans plus tard, en 1906, revenu au même ministère et remonté, quoique sénateur, à la même tribune
de la Chambre, je restais fidèle aux mêmes idées. Soute-
nant devant la Chambre la suppression des quatre contributions sur les signes extérieurs et leur remplacement
par un système d'impôts cédulaires sur les revenus, j'in-
vitais, du haut de cette tribune, la bourgeoisie intelligente
et laborieuse à ne pas fermer l'oreille aux appels de la
démocratie, à ne pas se draper dans je ne sais quelle
sombre indifférence, lorsqu'on réclamerait sa collaboration à une œuvre de justice et de progrès social. (*Applaudissements à gauche, au centre et sur divers bancs à droite.*)

Et je pourrais répéter aujourd'hui sans y rien changer
les paroles que je prononçais alors :

« Cette bourgeoisie française, disais-je, qui a fondé la
République et qui l'a su défendre aux heures de péril
tiendra certainement à honneur d'offrir spontanément
une main fraternelle au peuple qui s'élève et comprendra,

j'en suis convaincu, que ses intérêts légitimes n'auront jamais à souffrir des légers sacrifices qu'elle pourra faire à la paix publique et à l'esprit de solidarité. » (*Applaudissements sur un grand nombre de bancs.*)

C'est, messieurs, sous l'inspiration des mêmes sentiments que je concevrai dans l'avenir toute réforme graduelle de notre régime fiscal, mais je sais, je le répète, que, pour réaliser des améliorations durables, sans bouleverser le budget, il convient de ne dédaigner ni les considérations techniques, ni les leçons de l'expérience.

On m'a parlé — c'est, je crois, l'honorable M. Lamoureux qui l'a fait — du remplacement possible de certaines taxes sur le chiffre d'affaires, par des taxes à la production.

Je suis, moi-même, entré spontanément dans cette voie dès cette année...

M. MARIUS MOUTET. Spontanéité un peu tardive!

M. LE PRÉSIDENT DU CONSEIL, *ministre des finances.* Il m'était difficile de commencer il y a deux ans, monsieur Moutet. (*Applaudissements à droite, au centre et sur divers bancs à gauche.*)

M. MARIUS MOUTET. Monsieur le président du conseil, au budget de 1925 nous avions proposé des taxes à la production.

M. LE PRÉSIDENT DU CONSEIL, *ministre des finances.* C'est entendu! mais j'ai conscience de n'avoir pas perdu mon temps depuis dix-huit mois. (*Applaudissements au centre, à droite et sur divers bancs à gauche.*)

M. PIERRE RENAUDEL, *désignant la droite.* Ni eux le leur!

M. JULES UHRY. Un peu de pudeur, messieurs de la droite, à la caisse! (*Interruptions à droite.*)

M. LE PRÉSIDENT DU CONSEIL, *ministre des finances.* Je veux bien rectifier ce que j'ai dit. Ce n'est pas spontanément, c'est parce que j'avais reçu d'excellents conseils de M. Moutet et de beaucoup d'autres, que je suis entré dans la voie du remplacement de la taxe sur le chiffre d'affaires par des taxes à la production.

Mais vous avez vu que ce remplacement n'allait pas toujours sans quelque difficulté. Vous avez vu vous-mêmes, au cours de la récente discussion du budget, qu'il fallait procéder avec prudence.

Vous avez inséré dans la loi de finances, précipitamment, une nouvelle taxe à la production en remplacement d'une taxe sur le chiffre d'affaires, et il s'est produit, pendant que la loi de finances allait au Sénat, tellement d'objections que vous avez été forcés de revenir ensuite sur votre vote, non pas parce que le Sénat vous y invitait, mais parce que vous en reconnaissiez vous-même, spontanément cette fois (*Sourires*), la nécessité.

Je ne conclus pas de là qu'il ne faille pas continuer dans cette voie. Je suis, au contraire, résolu à poursuivre ce que j'ai commencé. (*Très bien ! très bien !*) J'en conclus seulement qu'il faut le faire avec attention, avec cir-conspection, avec prudence.

On a également parlé, c'est encore, je crois, M. Lamou-reux, d'un meilleur aménagement de l'impôt général sur le revenu et des impôts cédulaires. J'ai déjà dit que c'était une étude à laquelle je ne m'opposais pas le moins du monde et qui restait ouverte. Je la reprendrai bien volontiers, mais à la condition de ne pas retomber dans des erreurs qu'a signalées M. Caillaux et qui viennent, je reprends sa métaphore, « écraser les colonnes de l'édifice sous le poids du fronton ».

M. Lamoureux a surtout insisté, d'ailleurs, sur les injustices de la cédule de l'impôt foncier sur les terres, et il a remarqué, avec grande raison, que ces injustices, qui sont réelles, étaient encore aggravées par le fait que le revenu cadastral, avec ses évaluations surannées, servait également de base au calcul des bénéfices agricoles.

Ces observations sont parfaitement exactes, et il est désirable qu'on puisse, dans un délai aussi bref que possible, procéder sinon à une revision cadastrale qui serait un travail formidable et très onéreux, du moins à une nouvelle évaluation du revenu des parcelles.

Mais, ici encore, je retrouve de très vieilles connaissances. La question est fort ancienne, et j'ai eu bien des fois l'occasion de m'en occuper dans le cours de ma vie publique.

Le 3 novembre 1913, M. Charles Dumont, ministre des finances, soumettait au Parlement un rapport d'ensemble sur les opérations relatives à l'évaluation des propriétés non bâties. Parlant de tentatives de réformes déjà anciennes, il disait :

« C'est alors que M. Poincaré, revenu au ministère des finances en 1906, fit une nouvelle tentative en vue de la réforme de l'impôt foncier dont il avait lui-même posé le principe en 1894. Il inséra, à cet effet, dans le projet de budget de 1907, déposé le 26 juin 1906, un article ainsi conçu :

« L'administration des Contributions Directes... » — c'est le texte, à peu près, que M. Lamoureux m'invitait l'autre jour non pas à déposer, mais à reprendre —

« ... l'administration des Contributions Directes procédera à une nouvelle évaluation du revenu des propriétés non bâties de toutes les communes en commençant par celles dont les conseils municipaux auront demandé l'exécution de ce travail.

« La nouvelle évaluation sera faite et ses résultats seront appliqués pour chaque commune au fur et à mesure de l'achèvement des opérations dans les conditions prévues par les lois et règlements sur le cadastre.

« Ce texte — continue M. Dumont — séparait deux opérations que l'on avait considérées jusqu'à ce moment comme nécessairement liées : la péréquation des contingents et celle des cotisations individuelles. Il permettait ainsi de faire disparaître immédiatement les inégalités existant de contribuable à contribuable, dans l'intérieur d'une même commune, sans qu'il fût besoin d'attendre qu'une péréquation générale de l'impôt ou une transformation de la contribution française eût été opérée. Mais il rencontra, à la commission du budget, une vive opposition et ne reçut pas de suite.

« M. Caillaux, successeur de M. Poincaré, reprit la question et, après de vifs débats dans les deux Chambres, fit voter l'article 3 de la loi du 31 décembre 1907. »

Or, messieurs, précisément à l'appui du texte que j'avais inséré dans le projet de loi de finances de 1907, j'avais invoqué à peu près les mêmes arguments qu'ont développés ici MM. Lamoureux et de Chappedelaine. Je les reprends parce qu'ils sont bons encore et parce que nous aurons à en tirer tout à l'heure la conclusion pour demain.

« Les évaluations cadastrales — disais-je — ne répondent plus à rien de réel. Nous avons tous les jours sous les yeux les exemples les plus choquants. Des terres classées dans une catégorie supérieure de culture sont, peu à peu, tombées en friche. Des bois ont été abattus. Des vignes plantées ici, arrachées ailleurs.

« Le cadastre reste immuable. Ce sont, d'une parcelle à l'autre, des écarts énormes que rien ne justifie. Nous avons proposé à la Chambre, dans le projet de budget de 1907, de faire cesser ces anomalies. Et j'expliquerai sans peine, je crois, le moment venu, que la revision du revenu des parcelles est, quelque modalité d'impôt sur le revenu qu'on puisse adopter, une réforme indispensable et urgente.

« Lorsque l'Allemagne a introduit l'impôt sur le revenu en Alsace-Lorraine, elle a commencé par reviser l'impôt foncier. Que l'on cherche, en effet, la péréquation de la contribution foncière ou la transformation de cette contribution en impôt de quotité, que l'on envisage l'établissement de l'impôt sur le revenu cédulaire ou global, progressif ou dégressif, le défaut d'une évaluation assez exacte est un obstacle à peu près insurmontable à la mise en pratique de la réforme. Quel moyen de contrôle aura l'administration, si le travail d'évaluation n'a pas été fait et si elle est forcée de s'en tenir aux vieilles données du cadastre?

« De toute façon, la revision s'impose donc. C'est ce qu'avait pensé M. Doumer en 1896, lorsqu'il avait déposé un projet d'impôt global sur le revenu déclaré. »

Dans une longue lettre que j'ai adressée à M. le président de la commission des finances le 12 décembre dernier, j'ai exposé ce qu'il était advenu de cette réforme de 1907. Les travaux d'évaluation générale se sont poursuivis de 1908 à 1912 et, lorsqu'ils ont été terminés, ils ont immédiatement servi à une nouvelle assiette de l'impôt foncier, mais une loi du 29 mars 1914 a stipulé qu'une revision devrait avoir lieu tous les vingt ans en ce qui concerne les propriétés non bâties et tous les dix ans en ce qui concerne les propriétés bâties.

La même loi fixait à l'année 1920 le point de départ de ces nouvelles revisions.

La guerre, hélas! est survenue et une loi du 31 juillet 1918 a dû constater l'impossibilité d'entreprendre ces nouvelles évaluations en temps utile.

Depuis lors, faute de temps et faute aussi, il faut bien le dire, de personnel et d'argent, on est resté dans le *statu quo* jusqu'au 21 mars 1924. A cette date, j'ai essayé de reprendre la question dans la loi du 22 mars 1924. J'ai réussi pour les propriétés bâties. J'ai rencontré des résistances diverses pour les propriétés non bâties.

Mais, quelles que soient les difficultés, nous ne pouvons évidemment pas, dans l'intérêt de l'agriculture et dans l'intérêt de la justice, prolonger d'une manière indéfinie l'état de choses actuel qui ne permet de tenir compte ni des changements survenus dans la nature des cultures, ni de la nécessité d'opérer un nouveau classement parcellaire.

Je suis loin d'avoir des préventions contre la réforme demandée par MM. Lamoureux et de Chappedelaine, puisque je n'ai cessé de m'en occuper en 1894, en 1906, en 1924, et que j'ai contribué à sa première application. Je suis donc tout disposé à favoriser une seconde revision dès qu'elle sera possible.

Mais la tâche est assez longue, assez coûteuse et elle doit prendre beaucoup de temps à un personnel actuellement très occupé et même surchargé. Or, il faut qu'elle soit faite assez rapidement si l'on ne veut pas qu'elle soit elle-même viciée en se prolongeant. C'est la raison pour laquelle on a jusqu'ici ajourné l'entreprise. Mais le retard aggrave le mal, et on sera fatalement amené à la nécessité prochaine d'une nouvelle évaluation.

M. Lamoureux a également parlé des patentes. Elles sont, vous le savez, une survivance assez singulière des vieilles contributions directes. Mais il s'agit ici — M. Lamoureux le sait comme moi et comme vous tous — d'un impôt municipal perçu au profit des communes, et il n'est pas aisé de le supprimer du jour au lendemain sans troubler profondément des budgets dont ni le Gouvernement, ni les Chambres, n'ont la gestion ni la responsabilité.

N'allez pas croire cependant, messieurs, que je suis blasé sur des questions parce que je les ai entendu discuter et les ai moi-même discutées à peu près dans les mêmes termes en mainte circonstance depuis quarante ans.

Ne concluez pas de là non plus, comme on le faisait tout à l'heure, que les réformes sont bien lentes puisqu'on parle toujours des mêmes choses. Non pas! messieurs. De nombreux changements ont été introduits dans nos budgets depuis ces époques lointaines, et toujours pour y faire entrer plus de justice et plus de sens démocratique.

Mais les lourdes charges que nous a laissées la guerre, la chute de notre monnaie, les embarras de la trésorerie nous ont condamnés à rechercher d'abord des ressources si importantes que nous n'avons pas toujours pu choisir les taxes comme nous l'aurions désiré et il y aura certainement, je tiens à le répéter, des améliorations nombreuses à apporter dans l'ensemble des ressources diverses que, nos prédécesseurs et nous, nous avons dû créer.

Il serait bien ridicule d'avoir en pareille matière un amour-propre d'auteur. Ce que je demande, c'est qu'on ne perde pas de vue l'équilibre et que, sous prétexte de réformes, on ne creuse pas de nouveaux déficits budgétaires et c'est aussi qu'on ne trouble pas, par des aventures fiscales, une situation économique qui est encore loin d'être rétablie.

IV. — La restauration de l'économie nationale

Non certes, messieurs, cette situation économique n'est point encore complètement restaurée; on nous a même reproché depuis quelque temps d'avoir, comme on l'a dit, interverti l'ordre des facteurs et d'avoir songé au redressement des finances avant d'avoir restauré la production nationale.

L'économique d'abord, c'est la thèse de M. César Chabrun, c'est celle que M. Moskowsky a développée sous le pseudonyme harmonieux de Marcel Chaminade, c'est celle qu'ont soutenue des publicistes très distingués tels que M. Perquel.

Cette thèse se résume comme suit :

Dans les milieux dirigeants — je fais parler mes contradicteurs, ou du moins je les laisse parler — on affirme

que toute réorganisation financière ne peut et ne doit
être que la préface d'une réorganisation économique.

Il y a là une véritable pétition de principe, une inter-
version de l'ordre des facteurs. Au lieu d'être la conséquence, après un délai variable, du redressement de la
monnaie, la reconstitution de la production en est, au
contraire, la pierre angulaire, le levier essentiel, la condition primordiale qui doit être remplie avant toute
autre.

J'avoue, messieurs, ne pas très bien comprendre qu'on
discute ainsi un ordre de préséance ou de protocole entre
les deux problèmes. La vérité est qu'ils sont inséparables
et qu'ils ne peuvent pas ne pas marcher de pair. (*Très
bien ! très bien !*)

Dès que nous avons commencé le rétablissement monétaire et financier, nous nous sommes préoccupés sans
transition, tout de suite, du rétablissement économique;
mais nous n'aurions pu davantage nous intéresser au
rétablissement économique en reculant le rétablissement
financier.

Au mois de juillet et au mois d'août 1926 la production
nationale était artificiellement grossie par les facilités
exceptionnelles d'exportation qu'elle trouvait dans la
baisse continue de notre monnaie. Mais l'industrie, en
réalisant des bénéfices momentanés, se dévorait elle-
même et se préparait un avenir redoutable. Personne ne
pouvait la sauver d'un désastre prochain dans lequel
la nation tout entière eût été entraînée; personne, dis-je,
ne la pouvait sauver sans un effort immédiat et presque
brutal sur les changes et cet effort lui-même ne pouvait
réussir sans le rétablissement préalable de l'équilibre
budgétaire.

Sur ce point, messieurs, industriels et financiers avaient
été entièrement d'accord devant le comité des experts et
dans le comité même. Mais le souci de restaurer nos

finances ne nous a pas un seul instant détournés de la sollicitude que nous devions à notre industrie.

C'est dans son intérêt que nous avons, dès le commencement de 1927, supprimé la taxe à l'exportation. C'est dans son intérêt que nous avons stabilisé le franc à un cours où il ne se serait pas spontanément arrêté. Voilà un an qu'en considération de l'industrie française et de l'économie nationale, nous achetons des devises au delà même de nos besoins monétaires. Voilà un an que nous subordonnons tout à la nécessité de cette réadaptation. Et on nous accuse, aujourd'hui, de commencer l'œuvre par la fin!

Je crois, au contraire, que nous avons loyalement cherché à concilier les diverses obligations qui s'imposaient à nous et à les remplir toutes dans un esprit d'ordre, d'harmonie et d'équité.

Par-dessus tout, nous n'avons voulu rien faire qui pût ralentir la production nationale ou entraver le redressement économique. C'est fort bien, en effet, de veiller à ce que l'impôt ne vienne pas gêner une juste répartition des richesses; nous nous y employons et il faudra nous y employer encore. Mais, pour avoir des richesses à répartir, il faut d'abord les créer. (*Très bien ! très bien !*)

C'est à cette création que notre démocratie, trop souvent absorbée par les luttes politiques, doit énergiquement s'employer. (*Applaudissements au centre, à droite et sur divers bancs à gauche.*)

Il faut bien l'avouer, et l'honorable M. Spinasse en a fait la très éloquente démonstration, dans le domaine économique nous nous sommes laissés devancer par nos concurrents. Nous avons beaucoup à faire maintenant pour défendre nos positions et à plus forte raison pour les améliorer.

Le développement de la richesse générale est cependant le moyen le plus efficace de régler dans le calme la plupart des problèmes sociaux. C'est ce que disait M. Spinasse, aux applaudissements de tous ses collègues socialistes eux-mêmes. C'est le meilleur moyen de régler dans le calme la plupart des problèmes sociaux, à la condition, bien entendu, que la société assure aux travailleurs leur part légitime dans les bénéfices obtenus. (*Très bien ! très bien !*)

Malheureusement, nos méthodes n'ont pas toujours été parfaites et nos progrès sont restés, en général, inférieurs à ceux de beaucoup d'autres nations qui, du reste, ne sont nullement socialistes. C'est ainsi qu'en matière agricole, si l'on compare nos rendements aux rendements de l'étranger, nous nous trouvons distancés sans que notre production, depuis une trentaine d'années, marque tous les progrès qui ont été réalisés chez nos voisins immédiats.

Est-ce donc que nous habitons un pays pauvre, infertile, privé de soleil ou de pluie? Non pas!

Voici la Belgique, voici le Danemark, voici la Hollande, la Suisse, l'Allemagne qui nous dépassent. Ni leurs terres, ni leur climat ne valent mieux que les nôtres; c'est donc qu'il en est tiré meilleur parti. J'espère que, demain, nous les gagnerons de vitesse; mais aujourd'hui, ils l'emportent sur nous, il faut en convenir, dans l'emploi des engrais, dans l'utilisation des procédés mécaniques, dans la diffusion de l'enseignement agricole, dans le développement du crédit rural et de la coopération. (*Applaudissements.*)

Si nous nous tournons maintenant du côté de l'industrie, que voyons-nous? MM. François-Poncet et Spinasse l'ont déjà successivement signalé. Regardons la Belgique, l'Allemagne, les Etats-Unis. Partout, le laboratoire et l'usine y coexistent et y coopèrent dans la plus étroite intimité. Partout, le travail y est techniquement divisé entre des entreprises unifiées. Partout des comptoirs industriels y simplifient l'organisation des ventes. Partout a été introduite, puisqu'il faut bien se servir de cet autre néologisme disgracieux, une rationalisation systématique, partout aussi, grâce à ces méthodes, la production a augmenté, le prix de revient a baissé, les salaires se sont relevés, si bien qu'à cette collaboration du capital et du travail tout le monde a fini par gagner. (*Applaudissements à gauche, au centre et à droite.*)

Assurément, je ne me dissimule pas que ce régime industriel ne peut être transplanté en France sans accommodement et sans variante.

Fondre les entreprises, unifier les types, normaliser les modèles, fabriquer en série, c'est certainement améliorer les conditions matérielles d'exploitation et faciliter l'abaissement des prix de revient et par là l'augmentation des salaires. Mais c'est forcément aussi, dans une certaine mesure, sacrifier l'individualisme et l'originalité. (*Très bien ! très bien !*) Or, une partie très importante de la production française, et de celle qui est surtout destinée à l'exportation, se distingue par ses qualités d'élégance (*Applaudissements*) non seulement dans les industries de luxe mais dans beaucoup d'autres. Ce serait abaisser la valeur de certains de nos produits, de nos produits les plus recherchés, que les standardiser à l'excès. (*Applaudissements.*)

Nous ne pourrions donc, sans sacrifier quelques-uns des éléments essentiels de nos traditions nationales, et sans compromettre certaines de nos exportations, imiter servilement en France des méthodes de rationalisation qui sont appliquées à l'étranger.

Nous devons cependant concilier le maintien de nos aptitudes et de nos goûts avec les nécessités menaçantes de la concurrence internationale, et c'est dans cette pensée que j'ai donné, ces jours-ci, devant la commission des finances, mon adhésion à un régime fiscal qui favorisât, le cas échéant, les fusions de sociétés au lieu de les entraver. (*Très bien ! très bien !*)

Mais il n'y a ni centralisation ni rationalisation qui suffisent par elles-mêmes à stimuler le développement de la richesse.

Depuis quelques mois, exactement depuis le mois d'août, les indices de la production n'ont pas cessé de se relever, mais dans des proportions encore trop faibles. La stabilité de fait conservée à la monnaie a à peu près rétabli la marche des exportations. Notre balance commerciale, comme je l'ai montré ce matin, reste favorable. Le plus sûr moyen maintenant d'augmenter la richesse du pays, c'est de redoubler d'énergie et de persévérance dans le travail (*Applaudissements*), et, pour que le travail soit fécond, il faut qu'il s'exerce dans la paix publique. (*Applaudissements.*)

C'est dans cette conviction que je me suis entretenu, il y a quelques mois, avec le bureau du Conseil National économique de quelques-unes des questions qui avaient été examinées à la conférence économique internationale de Genève. Le bureau du Conseil National m'avait proposé de retenir comme premier sujet d'études le problème de la rationalisation, et j'avais donné mon plein assentiment à cette intention. Au mois de novembre dernier, la commission permanente s'est réunie pour se livrer à un premier échange de vues, au cours duquel certains représentants d'industries ont exprimé d'importantes réserves. Il leur apparaissait, disaient-ils, que la question ainsi posée ou bien touchait à des sujets d'ordre technique qu'il appartenait aux chefs d'industries de résoudre, ou bien se compliquait de difficultés politiques et sociales; ils craignaient qu'un débat n'aboutît à des conclusions vagues et stériles.

Les représentants des ouvriers, ceux de la Confédération Générale du Travail ont au contraire insisté pour que le Conseil National Economique se saisit le plus tôt possible de l'ensemble du problème dont ils proclamaient l'urgence.

En présence de ces dissentiments, il fut convenu que les membres de la commission permanente consulteraient leurs organisations respectives et prendraient le temps de réfléchir.

Il est quelquefois bon de réfléchir; je l'ai montré déjà tout à l'heure à M. Moutet. Ici ce sont les ouvriers eux-mêmes qui ont pris l'initiative de ce temps de réflexion.

Une nouvelle réunion s'est tenue le mercredi 11 janvier. Dans l'intervalle avaient eu lieu des conversations renouvelées — car réfléchir ne veut pas dire dormir — et aussi des délibérations approfondies dans les groupements professionnels et à la Confédération Générale du Travail.

Dans la séance du 11 janvier, presque tous les membres de la commission permanente étaient présents : Confédération Générale de la production, Confédération Générale du Travail, confédération nationale des coopératives, confédération des travailleurs intellectuels, confédération nationale des agriculteurs, et chez tous s'est manifestée une ferme volonté de loyale coopération entre les patrons et les ouvriers.

Il a été entendu qu'on allait procéder immédiatement à une vaste enquête sur les différentes industries en vue de bien déterminer les voies où elles devaient s'engager pour améliorer leur production.

Il a été reconnu, en même temps par les patrons comme par les ouvriers, que les conventions collectives de travail étaient un des instruments les plus sûrs pour régler et pour concentrer les différents facteurs de la production. Et on a décidé de rechercher les moyens de généraliser, dans l'avenir, ces conventions. C'est donc, en réalité, tout le problème des rapports entre les employeurs et les salariés qui a été abordé d'un commun accord entre les parties intéressées. Ce n'est là, certes, qu'un commencement et je ne me dissimule pas que l'œuvre n'ira pas sans certaines difficultés. D'abord, comme le disait M. Spinasse, il faudra que de part et d'autre on apporte non seulement une égale bonne volonté, non seulement un égal souci du bien général, mais les mêmes sentiments de concorde et de fraternité et pour tout dire, même élan du cœur. Là-dessus, je ne suis pas trop inquiet. L'âme française est autant et plus que toute autre capable de ces nobles sentiments. (*Applaudissements.*)

Mais les autres conditions dont M. Spinasse a montré la nécessité ne sont pas toutes aussi aisées à remplir. Il a reconnu que l'essai de rationalisation entrepris par l'Allemagne, cependant avec des moyens exceptionnellement puissants, avec une énergie et une méthode remarquables, avait abouti à une crise industrielle récente, qui s'est traduite par un renouveau de chômage.

Messieurs, c'est qu'aussi bien la standardisation, la rationalisation à l'américaine, est beaucoup plus difficile dans un vieux continent surpeuplé, économiquement morcelé que dans un immense et jeune continent où domine un grand peuple.

Un nouvel aménagement de l'industrie suppose la permanence des débouchés et l'accroissement de la consommation. M. Spinasse espère que l'Europe parviendra dans la paix à une sorte d'unité économique. Je le souhaite et j'estime que les gouvernements doivent s'employer à tendre cet idéal de plus en plus accessible; mais hélas! nous en sommes encore bien éloignés si j'en juge par les difficultés qu'éprouvent les nations amies elles-mêmes à régler leurs relations commerciales et à fixer leurs tarifs douaniers respectifs. (*Très bien ! très bien !*)

Il n'importe; ne nous décourageons pas et, sans attendre que l'Europe entière réalise cette harmonie, commençons par la faire régner autant que possible dans notre production nationale.

Le Conseil Economique sera mis à même, dès sa session plénière de mars, d'examiner le rapport que lui soumettra sa commission permanente. Il résultera sans doute de cette enquête et de ces discussions des conclusions dont pourra se saisir la législature prochaine et qui seront profitables tout à la fois aux industriels et aux agriculteurs, aux ouvriers, aux consommateurs, c'est-à-dire conformes à l'intérêt général.

Un gouvernement qui ne suivrait pas avec sympathie des efforts de cette qualité et qui ne saurait ni s'en inspirer ni les seconder serait indigne de la mission qu'il a à remplir dans un pays appauvri par la guerre, écrasé sous la charge des réparations et impatient, malgré tout, de se relever.

Si grave, en effet, que reste actuellement le problème monétaire et financier, avec quelque rigueur qu'il commande tous les autres, on ne peut, je le répète, l'isoler des problèmes économiques et sociaux. Non seulement ils voisinent tous et sont étroitement liés, mais ils s'entremêlent et se pénètrent les uns les autres.

Pour que notre monnaie redevienne et demeure convertible en or, il faudra que notre balance commerciale ou, tout au moins, notre balance des comptes, reste positive. Pour que notre balance des comptes reste positive, il sera nécessaire que notre production se développe et que nos exportations se multiplient. Pour que notre production se développe normalement, il faudra qu'elle se réforme, il faudra qu'elle se coordonne. Pour qu'elle se coordonne, il faudra, entre l'industriel et l'ouvrier, un accord où le second trouve comme le premier un bénéfice assuré. (*Applaudissements.*)

Tout, par conséquent, se tient et il serait funeste de

diviser, de morceler, de disperser une entreprise de restauration qui ne saurait être ni strictement financière, ni étroitement économique, ni exclusivement sociale, mais qui doit emprunter à chacun de ces trois ordres d'idées une partie essentielle de ses éléments de succès.

Le Gouvernement cherchera donc à mener de front cette triple tâche dont dépendra demain le complet relèvement de la France. (*Applaudissements.*) Elle ne peut être accomplie que dans la paix extérieure et la paix intérieure. Aussi bien, continuera-t-il à faire tout ce qui est en son pouvoir pour maintenir l'une et l'autre. Il continuera également à faire tout ce qui est en son pouvoir pour stimuler en France l'amour du travail, pour intensifier l'activité de tous les citoyens, pour éveiller dans chaque conscience le sentiment du devoir envers la collectivité, pour développer ainsi le bien-être général et pour assurer par là le mieux-être... (*Interruptions à l'extrême-gauche communiste.*)

M. Augustin Desoblin. Des banquiers et des administrateurs de sociétés! (*Vives protestations au centre et à droite.*)

M. le président du conseil, *ministre des finances,* pour assurer, dis-je, le mieux-être de tous ceux qui souffrent et qui espèrent non pas en vous (*M. le président du conseil désigne l'extrême-gauche communiste*), mais dans le pays tout entier. (*Vifs applaudissements prolongés au centre, à droite et sur plusieurs bancs à gauche.*)

A cette œuvre républicaine et française, démocratique et humaine, le cabinet que je préside, messieurs, consacrera d'un même cœur, demain comme hier, toute sa force et toute sa volonté. (*Vifs applaudissements prolongés au centre, à droite et sur plusieurs bancs à gauche. — Sur ces bancs, MM. les députés se lèvent et applaudissent. — M. le président du conseil, de retour à son banc, reçoit les félicitations de ses collègues.*)

ANNEXES

I. — DETTE PUBLIQUE

A) Situation comparée de la dette publique de l'État et de la Caisse autonome, au 31 juillet 1926 et au 31 décembre 1927.

(En millions de francs)

	Montant en capital	
I. — DETTE INTÉRIEURE	au 31 juillet 1926	au 31 déc. 1927
1° DETTE PERPÉTUELLE		
Rentes 3 %	19.740	19.738
— 5 % 1915-1916	18.854	18.865
— 4 % 1917	9.001	8.996
— 4 % 1918	20.599	20.597
— 6 % 1920	27.553	27.619
— 4 % 1925	5.929	5.927
	101.676	101.742
2° DETTE AMORTISSABLE		
Rentes 3 % amortissables	2.666	2.591
— 3 1/2 % amortissables en 30 ans	12	11
— 5 % 1920 amortissables en 60 ans (déduction faite des rentes dont l'État est devenu propriétaire, art. 62 de la loi du 27 décembre 1927)	11.173	11.095
Rentes d'Alsace et de Lorraine	73	73
— 6 % 1927 amortissables en 50 ans	—	18.158
Obligations 6 % 1927 amortissables en 50 ans	—	4.642
Bons du Trésor 1926 amort. en 10 ans	—	1.265
— — 1927 — 15 —	—	3.589
Oblig. du Crédit National 1919 amort. en 75 ans, — 1920 — 75 —, — 1924 — 50 —	9.527	9.489
Oblig. de la Caisse autonome d'amortissement 1926 amort. en 40 ans	—	2.475
Capital des annuités à la charge de l'État :		
An. trentenaires remises aux sinistrés (Compte tenu de l'amortissement)	11.256	12.199
An. décennales remises aux sinistrés (Compte tenu de l'amortissement)	151	2.047
Annuités diverses (3)	8.786	9.582
	43.644	77.206
3° DETTE A MOYEN ET COURT TERME A ÉCHÉANCE MASSIVE		
Émissions du Crédit National :		
Bons 1921, de 10 à 15 ans, — février 1922 à 2, 5 et 10 ans, — juillet 1922 à 3, 6, 12 et 18 ans, — janvier 1923 à 25 ans, — juin 1923, à 25 ans	12.511	10.577
Obligations de la Défense Nationale :		
Sexennales, type 1919	300	59
Décennales 1919-1929	7.207	2.181
— 1922-1932	254	254
Sexennales, type 1925	3.001	3.305
Bons du Trésor à court terme :		
A 3 et 5 ans 1922	4.322	100
A 3, 6 et 10 ans 1923, 1re série	6.653	2.706
A 3, 6 et 10 ans 1923, 2e série	3.029	1.810
A 10 ans 1924	4.749	4.633
Avances permanentes de la Banque de France	200	200
	42.262	25.825

	Montant en capital	
I. — DETTE INTÉRIEURE *(suite).*	au 31 juillet 1926	au 31 déc. 1927
4° DETTE FLOTTANTE		
Bons ordinaires du Trésor gérés par le Trésor	2.963	135
Bons de la Défense Nationale	44.218	—
Bons ordin. du Trésor et Bons de la Défense Nationale gérés par la Caisse Autonome (1)	—	43.479
Avances temporaires de la Banque de France	37.450	23.550
Dépôts de fonds à la Caisse Centrale et dans les Trésoreries générales	2.167	3.893
Divers	7.399	8.634
	94.197	79.691
Récapitulation de la Dette intérieure		
1° Dette perpétuelle	101.676	101.742
2° Dette amortissable	43.644	77.206
3° Dette à moyen et court terme à échéance massive	42.262	25.825
4° Dette flottante	94.197	79.691
Total de la Dette intérieure	281.779	284.464
II. — DETTE EXTÉRIEURE COMMERCIALE		
1° En francs au pair.		
ÉTATS-UNIS — Emprunt 1920	389	364
— 1921	315	315
— 1924	478	449
— des villes de Lyon, Bordeaux, Marseille	210	233
Oblig. remises en prix des stocks	2.110	2.110
Reliquat de l'Anglo-French	Mémoire	Mémoire
— de l'emprunt 5 1/2 %	11	11
ANGLETERRE — Bons émis en Angleterre	142	—
Bons du Trésor remis à la Banque d'Angleterre	1.021	—
Cession des stocks anglais	82	57
Crédit hollandais	115	—
Crédit argentin	92	65
Crédit uruguayen	40	16
Total en millions de francs au pair	5.005	3.620
2° Evaluation par application à la valeur au pair du coefficient 5 pris comme terme de comparaison. (Coefficient correspondant en chiffres ronds au rapport du pair des cours du change pendant l'année 1927)	25.027	18.097
III. — DETTE EXTÉRIEURE POLITIQUE		
1° En francs au pair :		
Avances de la Trésorerie Américaine	15.191	15.191
Bons du Trésor remis à la Trésorerie britannique (y compris les intérêts capitalisés)	16.474	17.535
Total en francs au pair	31.668	32.729
2° Evaluation par application de la valeur au pair du coefficient 5 pris comme terme de comparaison (Coefficient correspondant en chiffres ronds au rapport du pair des cours du change pendant l'année 1927)	158.338	163.615

(1) Une fraction de cette dette a comme contre-partie l'actif du compte ouvert à la Banque de France au nom de la Caisse Autonome d'amortissement.

B) Situation comparée de la dette obligataire des chemins de fer de l'État et d'Alsace et Lorraine, au 31 juillet 1926 et au 31 décembre 1927.

(En millions de francs)

DETTE INTÉRIEURE	Montant en capital	
	au 31 juillet 1926	au 31 déc. 1927
Chemins de fer de l'Etat — Obligations 4 %	531	624
— 5 %	933	923
— 6 % (mars-septembre)	477	595
— 6 % (juin-décembre)	415	474
— 7 % (juin-décembre)	27	25
— 7 % (janvier-juillet)	—	60
— 6 % (avril-octobre)	—	200
	2.383	2.801
DETTE EXTÉRIEURE		
1° En francs au pair.		
Chemins de fer de l'Etat — Oblig. 7 % émises en Suisse (avril-oct.)	—	59
— 7 % — — (mars-sept.)	—	149
— 7 % — Hollande (mai-nov.)	—	62
— 7 % — — (mars-sept.)	—	52
Chemins de fer d'Alsace-Lorraine — Oblig. 7 % émises en Suisse (juin-déc.)	—	74
— 6 % — — (avril-oct.)	—	40
Total en francs au pair	—	436
2° Evaluation par application à la valeur au pair du coefficient 5 pris comme terme de comparaison. (Coefficient correspondant en chiffres ronds au rapport du pair des cours du change pendant l'année 1927)	—	2.180
Total de la Dette obligataire des Chemins de fer de l'Etat et d'Alsace-Lorraine.		
Dette intérieure	2.383	2.801
Dette extérieure	—	2.180
Total	2.383	4.981

C) Situations mensuelles de la dette publique depuis le 31 juillet 1926
(En millions de francs)

DÉSIGNATION	au 31 Juillet 1926	au 30 Septembre 1926	au 31 Octobre 1926	au 30 Novembre 1926	au 31 Décembre 1926	au 31 Janvier 1927	au 15 Février 1927	au 31 Mars 1927	au 30 Avril 1927	au 31 Mai 1927	au 30 Juin 1927	au 31 Juillet 1927	au 31 Août 1927	au 30 Septembre 1927	au 31 Octobre 1927	au 30 Novembre 1927	au 31 Décembre 1927
I. — DETTE INTÉRIEURE.																	
1° Dette perpétuelle	101.676	101.692	101.699	101.704	101.706	101.716	101.720	101.722	101.721	101.725	101.731	101.737	101.736	101.711	101.744	101.751	101.742
2° Dette amortissable	43.044	43.561	47.109	47.602	49.366	49.492	53.763	54.192	54.106	72.131	72.449	77.276	77.367	76.121	76.226	75.315	77.206
3° Dette à moyen et court terme à échéance massive	42.202	42.266	42.254	42.027	41.716	41.705	39.596	39.604	36.019	27.410	27.726	27.797	27.773	26.159	25.944	25.679	25.025
4° Dette flottante :																	
a) Bons du Trésor	2.863	1.530	177	136	123	3.565	4.122	3.214	1.407	969	714	583	511	249	194	174	135
b) Bons de la Défense Nationale	16.714	16.450	…	…	…	…	…	…	…	…	…	…	…	…	…	…	—
c) Bons ordinaires du Trésor et Bons de la D. N. gérés par la Caisse autonome (1)			46.588	45.921	42.276	47.133	44.121	47.450	50.566	48.179	47.137	44.988	44.383	44.131	43.649	43.376	43.479
d) Avances de la Banque de France	37.150	36.650	35.750	35.700	34.000	22.550	22.049	19.150	19.300	24.000	24.650	23.650	24.650	24.400	24.450	23.350	23.350
e) Comptes de dépôts de fonds au Trésor	2.167	1.717	2.606	2.255	2.629	7.111	3.330	6.175	6.994	9.414	10.542	9.842	6.349	5.502	4.787	4.026	3.571
f) Divers	7.372	7.171	7.633	7.393	7.447	7.314	7.643	7.169	7.763	7.791	7.972	6.341	5.179	6.314	6.406	6.232	6.634
Total de la dette intérieure	241.773	241.739	243.616	245.650	246.272	246.399	246.194	247.692	290.765	297.739	293.591	296.736	290.891	289.133	248.169	247.604	244.464
II. — DETTE EXTÉRIEURE COMMERCIALE.																	
Évaluation — En francs au pair	5.445	4.942	4.903	4.767	4.742	4.754	4.396	4.561	3.717	3.715	3.713	3.711	3.710	3.704	3.663	3.634	1.659
Au cours moyen du change du mois	77.534	33.359	32.700	26.646	23.376	23.119	22.571	22.463	19.191	19.196	19.296	19.277	19.269	19.214	17.997	17.482	17.729
Par application à la valeur au pair du coefficient n° … (prix commun retenu pour la comparaison) (2)	23.027	21.711	24.513	23.936	23.560	23.713	22.990	22.465	14.543	19.575	19.566	14.557	14.519	14.519	14.311	14.130	19.097
III. — DETTE EXTÉRIEURE POLITIQUE.																	
Évaluation — Au pair	31.647	31.764	31.764	31.764	31.764	32.079	32.140	32.217	32.313	32.321	32.379	32.689	32.400	32.637	32.592	32.679	32.729
Au cours moyen du change	155.156	114.511	108.918	79.197	155.000	155.155	154.692	155.670	159.056	159.539	159.676	159.770	160.009	160.291	160.614	160.731	
Par application du coefficient 5 ½	155.334	154.992	154.922	154.922	154.922	163.336	163.942	161.497	161.554	161.619	161.856	162.146	161.302	161.611	162.962	163.326	163.044
IV. — DETTE DES CHEMINS DE FER DE L'ÉTAT ET D'ALSACE-LORRAINE.																	
1° Dette Intérieure	2.363	2.517	2.517	2.521	2.591	2.500	2.573	1.573	2.573	2.106	2.691	2.604	2.602	2.601	2.601	2.661	2.491
2° Dette Extérieure : Évaluation — Au pair		…	—	197	197	239	400	400	392	392	393	398	397	437	437	436	436
Au cours moyen du change		…	—	1.101	963	1.217	1.237	1.962	1.954	1.956	1.956	1.957	1.956	2.147	2.168	2.154	2.180
Par application du coefficient 5 ½		…	—	947	947	1.216	1.924	1.998	1.996	1.996	1.951	1.993	1.985	2.155	2.155	2.149	2.150
Pour mémoire : cours moyen de la £ pendant le mois considéré	179.01	170.06	165.56	141.17	122.66	122.57	123.61	124.04	124.02	124.02	124.03	124.03	124.03	124.02	124.06	124.04	124.02

(1) Une fraction de cette dette a comme contrepartie l'actif du compte ouvert à la Banque de France au nom de la Caisse autonome de gestion des Bons de la Défense nationale.

(2) Coefficient correspondant au chiffres réels au rapport du pair des cours du change pendant l'année 1927.

II. — AMORTISSEMENT

A. — Amortissement effectué par le trésor au moyen de crédits budgétaires ou par prélèvement sur le produit du plan Dawes.

	Sommes exprimées en millions de francs.					
	Amortissement inscrit au budget et couvert par des recettes bugdétaires.		Amortissement couvert par les recettes du plan Dawes.		Total	
	Année 1927	Année 1928	Année 1927	Année 1928	Année 1927	Année 1928
Dette intérieure.						
Amortissement des rentes, annuités diverses, obligations du Crédit National.	1.082	1.537	—	—	1.082	1.537
Avances de la Banque de France.	950	578	—	—	950	578
Paiement en espèces aux sinistrés effectués par le Crédit National.	—	—	1.250	1.250	1.250	1.250
Prélèvements sur le plan Dawes pour les réparations (prestations en nature aux sinistrés) .	—	—	600	600	600	600
Dette extérieure commerciale (1).						
Amortissement des trois emprunts Morgan.	267	219	—	—	267	219
Remboursement de dettes commerciales	833	—	1.542	575	2.375	575
Totaux.	3.132	2.334	3.392	2.425	6.524	4.759
Modifications apportées aux prévisions	+ 6	— 188			+ 6	— 188
Total.	3.138	2.146	3.392	2.425	6.530	4.571

Cet amortissement est réellement effectué en cours d'année et contribue à diminuer le montant de la dette publique.

(1) Il n'est pas tenu compte dans ce tableau de la part théorique d'amortissement comprise dans les versements provisionnels effectués au titre des dettes politiques extérieures aux trésoreries américaine et britannique; le montant total de ces provisions est prélevé sur le produit du plan Dawes. On peut l'évaluer à 1.048 millions pour l'année 1927 et à 1.177 millions pour l'année 1928.

B. — Amortissement confié à la Caisse autonome.

La Caisse Autonome d'amortissement doit consacrer à l'amortissement des valeurs dont elle a la gestion le produit des ressources fiscales qui lui ont été concédées et dont le montant annuel est actuellement évalué à 2 milliards 1/2.

Cours moyens mensuels et annuels des rentes

Mois	3 %	3 % am.	3 1/2 % am.	5 % 1915	4 % 1917	4 % 1918	5 % 1920 am.	6 % 1920	4 % 1925 à garantie de change	6 % 1927 am. (Coté en Bourse à partir du 16/6/27)	Obligations 6 % 1927 (Cotées en Bourse à partir du 23/1/28)
Janvier 1926	49,3112	69,9966	86,50	56,6217	46,6934	45,3461	71,7957	63,9684	85,202	—	—
Février —	48,6712	63,0444	—	56,2062	47,097	45,9552	73,3675	64,3177	88,0437	—	—
Mars —	48,1699	62,6192	85,95	56,7333	46,3991	46,4097	74,5306	84,3502	90,8130	—	—
Avril —	47,3087	61,95	86,9312	57,3228	46,3435	45,144	74,6685	84,9677	91,3939	—	—
Mai —	46,6903	63,3053	86,2512	51,5395	45,4868	44,4624	72,3289	65,9408	93,0026	—	—
Juin —	46,8744	61,8119	86,3692	52,6131	43,4920	43,70	71,1989	61,5937	92,6409	—	—
Juillet —	47,019	59,6429	86,07	48,9488	41,8428	40,9369	65,3131	57,6548	97,2714	—	—
Août —	50,1595	63,1625	84,1875	53,6065	46,3130	45,2035	69,6833	63,7297	93,3333	—	—
Septembre —	49,1329	63,1341	83,9181	53,1031	44,8364	45,0039	69,4670	62,8898	88,1443	—	—
Octobre —	48,2637	62,375	82,5176	54,4988	45,4548	44,3762	70,0631	64,4129	87,6917	—	—
Novembre —	50,2788	63,5533	82,3119	58,0957	49,9283	48,6087	71,8946	70,1826	83,1793	—	—
Décembre —	51,6072	63,9462	80,4687	57,5746	48,2462	48,7221	73,9481	67,9076	78,7890	—	—
Cours moyen 1926	48,6796	62,5173	81,0500	55,1059	46,0292	45,5067	71,6645	64,4292	89,0872	—	—
Janvier 1927	52,932	65,9583	83,1077	63,930	52,402	51,4915	81,309	72,432	84,154	—	—
Février —	52,7885	66,7367	83,069	66,6918	55,3276	54,3344	83,3823	76,930	86,5172	—	—
Mars —	54,2833	66,9904	84,4870	68,5389	57,1241	57,2695	89,7685	80,4287	93,5459	—	—
Avril —	57,7728	70,1321	91,0143	77,2293	64,6424	63,7234	90,1599	89,6120	96,6918	—	—
Mai —	56,9548	69,1263	91,6365	76,05	64,3274	63,0387	86,3060	90,8327	94,9024	—	—
Juin —	58,6167	69,0236	93,9125	76,0702	63,4619	63,0952	87,4976	87,6274	93,4685	98,7295	—
Juillet —	56,3231	68,37	92,3643	76,07	61,3175	60,30	87,9737	87,3162	93,8519	98,23	—
Août —	57,8761	68,7631	88,8321	76,325	62,1489	61,0989	92,1545	88,4699	96,1534	98,0285	—
Septembre —	57,375	68,9321	86,525	76,744	61,8411	61,9964	92,675	88,9798	95,8976	99,6512	—
Octobre —	55,7912	68,971	85,54	76,0712	60,7219	59,8762	90,8425	89,1544	97,60	98,6556	—
Novembre —	56,7554	69,6543	85,2194	74,7348	60,9369	60,1487	91,0223	90,6652	98,4630	97,4114	—
Décembre —	59,0558	71,0875	86,2293	78,3927	63,4854	63,9471	94,0442	90,6764	100,4553	99,3260	—
Cours moyen 1927	56,3156	68,7428	86,8119	73,6657	60,4725	59,8823	88,9002	85,7679	94,2141	98,5733	—
Janvier 1928	65,589	74,407	90,0391	86,099	71,728	70,709	100,0308	95,5645	104,495	103,1755	481,4375

Cours moyens mensuels.

Mois	Obligations du Crédit National 5 % 1919	Bons du Crédit National 6 % Février 1922	Obligations de la Ville de Paris 4 % 1876	Obligations du Crédit Foncier Foncières 3 % 1879	Obligations des Chemins de fer de l'État 5 % 1919	Obligations des Compagnies de Chemins de Fer				
						Réseau du P.-L.-M. 3 % fusion ancienne	Réseau du Midi 3 % anciennes	Réseau du Nord 3 % anciennes	Réseau de l'Est 3 % anciennes	Réseau d'Orléans 3 % anciennes
Janvier 1926	315 fr.315	461 fr.368	361 fr.138	438 fr.084	240 fr.033	215 fr.671	209 fr.552	220 fr.947	228 fr.381	230 fr.812
Février —	327.921	465.906	357.104	443.479	237.428	227.994	223.572	233.150	230.947	236.729
Mars —	328.004	469.370	368.037	440.055	232.115	222.851	223.504	230.453	230.648	235.046
Avril —	329.326	476.983	371.054	447.326	229.750	216.413	217.163	227.880	225.086	231.489
Mai —	328.375	483.519	350.236	451.282	223.500	210.763	208.157	220.312	232.934	227.289
Juin —	326.536	489.056	344.238	449.659	223.476	207.916	207.477	219.539	231.250	223.477
Juillet —	292.261	470.023	311.047	135.315	208.575	205.675	208.083	222.184	220.516	208.961
Août —	316.732	482.077	353.562	452.119	218.250	213.035	222.571	234.297	233.785	228.237
Septembre —	313.991	481.000	357.681	448 »	226.131	208.329	213.772	235.778	229.090	223.863
Octobre —	321.618	487.212	358.916	452.761	229.851	216.273	219.500	235.952	234.333	228.571
Novembre —	345.108	454.147	358.027	456.926	253.391	235.402	236.193	261.397	259.147	251.543
Décembre —	316.486	450.417	353.990	450.903	259.725	236.961	239.461	266.057	264.192	258.634
Janvier 1927	369.610	471.950	383 »	452.500	283.760	256.410	253.320	278.900	281.150	282.411
Février —	333.062	465.328	396.817	457.458	283.812	263.093	259.463	290.604	284.195	291.354
Mars —	400.694	477.189	404.490	460.981	295.472	272.870	273.750	295.722	295.537	300.096
Avril —	437.271	493.336	424.505	470.782	338.891	294.880	298.489	315.717	322.047	313.587
Mai —	414.964	489.994	406.261	474.571	341.690	296.345	296.285	307.428	320.511	309.500
Juin —	451.797	501.107	403.178	474.333	337.035	294.726	296.261	312.880	317.595	311.023
Juillet —	436.325	497.050	401.525	472.700 ·	332.362	289.812	298.350	325.825	318.894	316.712
Août —	417.511	495.136	406.318	477.681	317.965	289.636	301.977	328.704	313.385	310.090
Septembre —	451.511	504.142	412.071	478.047	325.559	288.726	295.095	328.142	316.095	310.071
Octobre —	460.137	506.225	418.062	488.350	325.930	301.025	301.775	325.200	318.225	311.275
Novembre —	464.532	506.630	405.934	486.641	324.315	291.347	298.206	311.103	312.608	307.315
Décembre —	478.509	509.961	417.826	492.134	338.673	299.192	300.673	323.730	316.596	318.480

Cours moyens mensuels.

Mois :	Obligations Décennales 5 % 1919-1929	Obligations Décennales 5 % 1922-1932	Obligations Sexennales 5 % 16 Fév. 1926	16 Mai 1926	16 Août 1926	16 Nov. 1926	16 Fév. 1927	16 Mai 1927	16 Août 1927	16 Nov. 1927	16 Fév. 1928	16 Fév. 1931	16 Août 1931	16 Fév. 1932	16 Août 1932	16 Fév. 1933	16 Août 1933
Janvier 1926	73.745	72.059	101.416	99.750	99.500	99.100	100.525	98.800	99.680	98.345	99.090	69.506	69.052	—	—	—	—
Février —	77.313	75.693	—	100.750	99.500	99.400	99.280	99.537	99.410	99.100	99.550	73.602	72.360	—	—	—	—
Mars —	78.093	78.046	—	101.120	99.750	100.416	99.429	99.991	98.464	99.478	98.793	74.468	73.540	72.686	—	—	—
Avril —	78.420	76.545	—	101.750	99.700	101.616	99.875	101.675	99.270	101.092	99.300	73.340	73.187	73.170	—	—	—
Mai —	78.351	77.685	—	103.075	101.375	100.985	100.140	101.261	99.779	100.426	100.260	76.141	75.940	75.492	—	—	—
Juin —	78.517	78.943	—	—	102.100	100.020	100.333	99.925	100.458	99.109	99.766	76.580	77.400	76.265	—	—	—
Juillet —	72.103	77.500	—	—	102.500	99.925	100.750	100.250	100.541	99.035	99.900	73.963	75.780	75.979	—	—	—
Août —	75.901	74.841	—	—	—	101 —	99.750	100.866	99.362	100.171	98.975	76.001	74.010	74.188	—	—	—
Septembre —	77.330	74.959	—	—	—	101.160	99.777	100.885	99.462	100.503	98.900	76.632	75.551	76.022	74.791	—	—
Octobre —	79.054	75.850	—	—	—	101.837	99.722	101.500	99.554	101.396	99.300	76.920	77.413	77.447	78.522	—	—
Novembre —	80.029	78.325	—	—	—	—	100.475	99.885	100.150	100.418	99.550	78.586	78.630	79.079	79.125	—	—
Décembre —	81.618	81.068	—	—	—	—	101.723	99.954	101.070	99.606	101.150	79.604	79.363	79.130	79.782	—	—
Janvier 1927	86.434	84.265	—	—	—	—	102.883	100.657	101.803	99.643	102.110	84.921	84.586	84.484	81.725	—	—
Février —	89.393	87.217	—	—	—	—	103 »	101.511	100.645	101.153	100.387	86.371	86.601	86.753	85.740	—	—
Mars —	92.953	92.106	—	—	—	—	—	102.100	100.356	101.371	100.310	91.493	91.495	91.846	92.748	91.328	—
Avril —	98.578	91.759	—	—	—	—	—	102.592	101.147	102.250	101.230	93.945	93.750	94.322	96.392	93.511	—
Mai —	97.574	91.225	—	—	—	—	—	—	101.913	101.978	101.975	94.416	94.388	93.590	95.140	93.909	—
Juin —	97.079	91.911	—	—	—	—	—	—	102.371	101.620	102.230	96.176	96.133	95.585	95.478	94.160	—
Juillet —	97.030	93.233	—	—	—	—	—	—	102.558	101.686	102.816	96.525	96.965	95.961	96.800	94.731	—
Août —	93.856	94.925	—	—	—	—	—	—	102.775	102.053	103.050	98.142	98.393	97.950	98.605	95.446	—
Septembre —	99.393	94.912	—	—	—	—	—	—	—	102.188	103.216	98.108	98.077	97.917	99.297	96.914	96.557
Octobre —	99.840	95.138	—	—	—	—	—	—	—	102.387	102.228	97.310	97.487	97.543	99.367	97.531	95.710
Novembre —	98.577	91.327	—	—	—	—	—	—	—	—	102 —	96.379	96.404	96.272	96.711	96.279	94.492
Décembre —	98.254	96.732	—	—	—	—	—	—	—	—	102.375	98.625	98.719	98.554	98.608	97.286	95.942

Répartition des Bons de la Défense Nationale à la fin de chaque quinzaine avant la création de la Caisse autonome d'amortissement. (Chiffres en millions de francs).

Dates	Bons à un an		Bons à six mois		Bons à trois mois		Bons à un mois		Total	
	Montant	%	Montant	%	Montant	%	Montant	%	Montant	%
31 décembre 1925	33.610	73,5	3.704	8,1	3.544	7,7	4.877	10,7	45.735	100
15 janvier 1926	33.272	72,9	3.551	7,8	3.039	6,7	5.775	12,6	45.637	100
31 — —	33.117	71,8	3.505	7,7	2.698	5,8	6.769	14,7	46.089	100
15 février —	32.914	72,4	3.528	7,8	2.704	5,9	6.315	13,9	45.461	100
28 — —	32.969	71,6	3.557	7,7	2.752	6	6.790	14,7	46.068	100
15 mars —	32.903	71,6	3.516	7,7	3.231	7	6.293	13,7	45.945	100
31 — —	32.867	71,8	3.571	7,8	3.408	7,4	5.937	13	45.783	100
15 avril —	33.317	72	3.588	7,7	3.405	7,3	5.993	13	46.303 (1)	100
30 — —	33.490	72,5	3.852	8,3	3.357	7,2	5.513	12	46.212 (1)	100
15 mai —	33.596	72,4	3.987	8,6	3.806	8,2	5.033	10,8	46.422 (1)	100
31 — —	33.743	72,7	3.976	8,6	3.586	7,8	5.070	10,9	46.384	100
15 juin —	33.897	73	4.165	9	3.251	7	5.103	11	46.416	100
30 — —	33.773	73,1	4.231	9,2	3.059	6,7	5.094	11	46.157	100
15 juillet —	33.478	73,3	4.201	9,2	2.880	6,3	5.111	11,2	45.670	100
31 — —	33.066	74,8	4.047	9,1	2.749	6,2	4.368	9,9	44.230	100
15 août —	33.279	74	4.223	9,4	2.809	6,2	4.676	10,4	44.987	100
31 — —	33.491	72,8	4.317	9,4	2.843	6,2	5.352	11,6	46.003	100
15 septembre —	33.827	72,5	4.365	9,4	3.028	6,5	5.417	11,6	46.637	100
30 — —	34.190	73	4.337	9,2	3.453	7,4	4.870	10,4	46.850	100

(1) Y compris les Bons de la Défense Nationale remis en échange de Bons à 3, 6 et 10 ans 1923 (2ᵉ série).

Répartition des Bons de la Défense Nationale à la fin de chaque quinzaine depuis la création de la Caisse autonome d'amortissement. (Chiffres en millions de francs).

DATES	Bons à deux ans Montant	%	Bons à un an Montant	%	Bons à six mois Montant	%	Bons à trois mois Montant	%	Bons à un mois Montant	%	Total Montant	%
1er octobre 1926			34.190	73	4.337	9,2	3.453	7,4	4.979	10,4	46.850	100
15 — —			35.028	73,3	4.393	9,2	3.575	7,5	4.775	10	47.777 (1)	100
15 — —			33.050	73,9	4.158	9,3	3.367	7,5	4.160	9,3	44.735 (2)	100
31 — —			33.493	73	4.282	9,3	3.454	7,6	4.652	10,1	45.886	100
15 novembre —			34.085	72,5	4.607	9,8	3.415	7,2	4.917	10,5	47.024	100
30 —			31.651	71,4	4.892	10	3.469	7,1	5.540	11,5	49.542	100
15 décembre —			34.884	71,1	5.023	10,3	4.083	8,3	5.650	10,3	49.640	100
31 —			35.332	72	5.464	11,1	3.889	7,9	4.390	9	49.075	100
1er janvier 1927	0		35.332	72	5.464	11,1	3.889	7,9	4.390	9	49.075	100
15 — —	268	0,6	35.685	74	5.959	12,3	3.660	7,5	2.711	5,6	48.216	100
31 — —	633	1,3	35.899	76	6.255	13,3	2.734	5,8	1.703	3,6	47.224	100
15 février —	1.193	2,6	36.578	78,2	5.799	12,4	2.129	4,5	1.041	2,3	46.745	100
28 —	1.752	3,8	37.151	80	5.508	11,9	1.585	3,4	409	0,9	46.632	100
15 mars —	2.587	5,6	37.986	81,7	5.081	10,9	780	1,7	54	0,1	46.560	100
31 —	3.758	7,9	38.792	81,5	4.784	10	261	0,6	29	0	47.623	100
15 avril —	4.783	9,8	39.995	81,2	4.454	9	30	0	17	0	49.284	100
30 —	5.027	11,2	40.828	80,7	4.038	8,1	23	0	15	0	50.579	100
15 mai —	6.817	13,1	41.539	79,4	3.888	7,5	16	0	14	0	52.308	100
31 —	8.692	16,3	41.161	76,9	3.701	6,9	14	0	12	0	53.580 (3)	100
31 —	8.433	18,3	36.136	78,3	1.530	3,4	14	0	12	0	46.125 (4)	100
15 juin —	9.914	21,2	35.673	75,9	1.339	2,9	13	0	10	0	46.979	100
30 —	11.092	23,6	31.729	74	1.185	2,4	12	0	10	0	46.569	100
15 juillet —	11.840	25,4	33.929	72,9	743	1,7	11	0	10	0	46.533	100
31 —	12.773	27,7	33.114	71,7	290	0,6	10	0	9	0	46.196 (5)	100
31 —	12.493	27,9	32.010	71,5	282	0,6	10	0	9	0	44.804 (6)	100
15 août —	13.293	29,3	31.053	69,7	202	0,5	10	0	9	0	44.570	100
31 —	14.302	32,3	29.787	67,3	167	0,4	10	0	8	0	44.274	100
15 septembre —	15.482	35,1	28.612	64,7	56	0,2	10	0	6	0	44.166	100
30 —	16.706	37,9	27.302	61,9	50	0,2	10	0	8	0	44.106	100
15 octobre —	18.033	41	25.923	58,8	65	0,2	8	0	8	0	44.067	100
31 —	19.263	41	24.494	55,9	53	0,1	7	0	7	0	43.924	100
15 novembre —	20.448	46,9	23.119	53,	44	0,1	6	0	7	0	43.624	100
30 —	21.827	50,4	21.474	49,6	37	0	5	0	6	0	43.319	100
15 décembre —	23.117	53,6	19.995	46,4	29	0	5	0	6	0	43.152 (7)	100
31 —	25.175	58	18.245	42	23	0	4	0	6	0	43.453 (7)	100
15 janvier 1928	26.804	61,6	16.702	38,4	17	0	4	0	6	0	43.533 (7)	100
31 —	27.977	63,2	13.014	31,6	16	0	3	0	6	0	41.046 (7)	100

(1) Non déduits les Bons de la Défense Nationale repris à l'emprunt de la Caisse Autonome.
(2) Après déduction des Bons de la Défense Nationale repris à l'emprunt de la Caisse Autonome.
(3) Non déduits les Bons de la Défense Nationale consolidés en rentes 6 % 1927.
(4) Après déduction des Bons de la Défense Nationale consolidés en rentes 6 % 1927.
(5) Non déduits des Bons de la Défense Nationale consolidés en obligations 6 % 1927.
(6) Après déduction des Bons de la Défense Nationale consolidés en obligations 6 % 1927.
(7) Chiffres provisoires.

V. — ÉCHÉANCIER DES BONS DE LA DÉFENSE NATIONALE

(En millio de francs)

Échéances au des années 1926 et 1927.

ANNÉES	Janvier 1re Quinz.	Janvier 2e Quinz.	Février 1re Quinz.	Février 2e Quinz.	Mars 1re Quinz.	Mars 2e Quinz.	Avril 1re Quinz.	Avril 2e Quinz.	Mai 1re Quinz.	Mai 2e Quinz.	Juin 1re Quinz.	Juin 2e Quinz.
1926 (Bons à 1 mois, 3 mois, 6 mois et 1 an).	4.192	3.675	3.859	2.932	4.101	3.573	3.199	3.410	3.237	3.612	3.074	2.982
	7.867		6.791		7.674		6.609		6.849		6.056	
1927 (Bons à 1 mois, 3 mois, 6 mois et 1 an).	2.883	2.961	3.214	2.837	3.065	2.254	2.089	1.666	1.040	1.160	1.199	1.172
	5.844		6.051		5.319		3.755		2.200		2.371	

ANNÉES	Juillet 1re Quinz.	Juillet 2e Quinz.	Août 1re Quinz.	Août 2e Quinz.	Septembre 1re Quinz.	Septembre 2e Quinz.	Octobre 1re Quinz.	Octobre 2e Quinz.	Novembre 1re Quinz.	Novembre 2e Quinz.	Décembre 1re Quinz.	Décembre 2e Quinz.
1926	3.247	3.387	3.195	3.147	2.977	3.147	2.915	2.539	3.018	3.018	3.128	3.001
	6.634		6.342		6.124		5.454		6.066		6.129	
1927	1.183	1.270	1.037	1.302	1.246	1.326	1.396	1.443	1.335	1.654	1.487	1.757
	2.453		2.339		2.572		2.839		3.039		3.244	

Échéances 1928-1929-1930 (1)

ANNÉES	Janvier 1re Quinz.	Janvier 2e Quinz.	Février 1re Quinz.	Février 2e Quinz.	Mars 1re Quinz.	Mars 2e Quinz.	Avril 1re Quinz.	Avril 2e Quinz.	Mai 1re Quinz.	Mai 2e Quinz.	Juin 1re Quinz.	Juin 2e Quinz.
1928 (Échéances de Bons à 1 an).	1.721	1.791	1.687	1.412	1.679	1.806	2.134	1.812	1.115	470	236	1
	3.512 (pour mémoire) Bons échus		3.099		3.485		3.916		1.585		237	
1929 (Échéances de Bons à 2 ans).	273	353	512	501	753	1.050	960	800	1.161	1.784	1.500	1.133
	626		1.016		1.803		1.760		2.945		2.633	
1930 (Échéances de Bons à 2 ans).	1.629	1.173										
	2.802											

	Juillet 1re Quinz.	Juillet 2e Quinz.	Août 1re Quinz.	Août 2e Quinz.	Septembre 1re Quinz.	Septembre 2e Quinz.	Octobre 1re Quinz.	Octobre 2e Quinz.	Novembre 1re Quinz.	Novembre 2e Quinz.	Décembre 1re Quinz.	Décembre 2e Quinz.
	748	933	803	1.006	1.186	1.224	1.377	1.180	1.185	1.379	1.290	2.058
	1.681		1.809		2.401		2.557		2.564		3.348 (2)	

Aucune échéance. — Suppression des bons à 1 an (2 juin 1927).

(1) Réduction faite des bons repris aux émissions de rentes 6 % 1927, et d'obligations amortissables 6 % 1927 et escomptés par la Caisse autonome en janvier 1928.

(2) Chiffres statistiques à partir de la 1re quinzaine de décembre 1928.

(Chiffres en millions de francs)

| DATES | Comptes-courants | | | | | Bons ordinaires du Trésor | Total général |
| | Caisse Centrale | | Trésoreries Générales | | | | |
	à vue	à préavis	à vue	à préavis	Total		
31 juillet 1926. .	1.783	—	574	—	2.357	2.460	4.817
31 août .	1.315	—	574	--	1.889	2.027	3.916
30 sept . .	1.388	—	552	12	1.952	1.518	3.470
31 oct. .	2.197	—	549	12	2.758	177	2.935
30 nov. .	1.821	—	598	24	2.443	141	2.584
31 déc. .	1.759	396	575	22	2.752	123	2.875
31 janvier 1927 .	1.281	311	589	45	2.262	3.967	6.229
28 février.	2.002	803	633	48	3.496	4.422	7.918
31 mars .	5.075	618	592	54	6.339	3.214	9.553
30 avril .	5.097	617	775	554	7.013	1.807	8.850
31 mai. .	8.003	—	1.193	144	9.340	990	10.330
30 juin. .	9.968	—	982	—	10.950	714	11.664
31 juillet.	8.949	—	962	—	9.911	583	10.494
31 août .	5.493	—	958	—	6.451	427	6.878
30 sept. .	5.167	—	917	—	6.084	248	6.332
31 oct. .	3.975	—	895	—	4.870	199	5.069
30 nov. .	3.236	—	860	—	4.096	174	4.270
31 déc. .	3.183	—	789	—	3.972	136	4.108

VII. — AVANCES DE LA BANQUE DE FRANCE A L'ÉTAT ET MONTANT DES BILLETS EN CIRCULATION AUX DATES DE BILANS HEBDOMADAIRES DU 1er JUILLET 1926 AU 31 DÉCEMBRE 1927

DATES	Avances de la Banque de France à l'État		Billets en circulation	
	Montant	Limite légale	Montant	Limite légale
1er juillet 1926	37.350	38.500 (depuis le 31 déc. 1925)	53.914	58.500 (depuis le 7 déc. 1925)
8 — —	37.700	—	54.862	—
15 — —	37.800	—	54.918	—
22 — —	38.350	—	55.006	—
29 — —	37.450	—	56.022	59.271 (y compris la contre-valeur de la cession du reliquat du fonds Morgan)
5 août —	37.850	—	57.259 (1)	—
12 — —	37.300	—	56.271	59.271 (plus la contre-valeur des achats de devises)
19 — —	36.950	—	55.659	—
26 — —	36.450	—	55.147	—
2 septembre —	37.350	—	55.346	—
9 — —	37.000	—	55.458	—
16 — —	36.850	—	54.913	—
23 — —	36.400	—	54.507	—
30 — —	36.650	—	55.010	—
7 octobre —	36.950	—	55.991	—
14 — —	36.300	—	55.432	—
21 — —	36.150	—	54.988	—
28 — —	35.750	—	54.578	—
4 novembre —	36.550	—	55.651	—

(1) Maximum atteint par la circulation en 1926.

AVANCES DE LA BANQUE DE FRANCE A L'ÉTAT ET MONTANT DES BILLETS EN CIRCULATION AUX DATES DE BILANS HEBDOMADAIRES DU 1ᵉʳ JUILLET 1926 AU 31 DÉCEMBRE 1927 *(suite)*

DATES	Avances de la Banque de France à l'Etat		Billets en circulation	
	Montant	Limite légale	Montant	Limite légale
12 novembre 1926	36.050	38.500	54.927	59.271 (plus la contre-valeur des achats de devises)
18 — —	35.850	—	51.064	—
25 — —	35.700	—	53.263	—
2 décembre —	36.700	—	53.332	—
9 — —	36.700	—	53.294	—
16 — —	36.450	—	52.536	—
23 — —	36.450	—	52.231	—
30 — —	36.000	—	52.907	—
6 janvier 1927.	35.000	36.500	51.305	—
13 — —	34.550	—	53.515	—
20 — —	33.650	—	52.811	—
27 — —	32.550	—	52.172	—
3 février —	31.900	—	52.626	—
10 — —	31.000	—	52.613	—
17 — —	30.500	—	52.153	—
24 — —	29.600	—	51.697	—
3 mars —	29.500	—	52.462	—
10 — —	29.300	—	52.764	—
17 — —	28.900	—	52.273	—
24 — —	28.100	—	51.912	—
31 — —	28.150	—	52.385	—
7 avril —	28.150	—	53.351	—
14 — —	28.150	—	52.833	—
21 — —	29.300	—	52.550	—
28 — —	29.300	—	52.210	—

DATES		Avances de la Banque de France à l'Etat		Billets en circulation	
		Montant	Limite légale	Montant	Limite légale
5	mai 1927	29.300	36.500	53.391	59.271 (plus la contre-valeur des achats de devises)
12	— —	28.900	—	52.617	—
19	— —	27.400	—	52.157	—
27	— —	26.600	—	51.801	—
2	juin —	27.100	—	52.328	—
9	— —	27.200	—	52.786	—
16	— —	26.950	—	52.381	—
23	— —	26.650	—	52.107	—
30	— —	26.850	—	52.786	—
1ᵉʳ	juillet —	26.650	—	53.951	—
15	— —	26.550	—	53.490	—
21	— —	26.250	—	53.131	—
28	— —	25.650	—	52.756	—
4	août —	25.800	—	53.691	—
11	— —	25.550	—	53.282	—
18	— —	25.350	—	52.925	—
25	— —	25.050	—	52.672	—
1ᵉʳ	septembre —	24.650	32.000	53.266	—
8	— —	24.500	—	54.117	—
15	— —	24.400	—	53.892	—
22	— —	24.400	—	53.773	—
29	— —	24.400	—	54.156	—
6	octobre —	25.400	—	55.887	—
13	— —	25.200	—	55.404	—
20	— —	24.950	—	55.004	—

AVANCES DE LA BANQUE DE FRANCE A L'ETAT ET MONTANT DES BILLETS EN CIRCULATION AUX DATES DE BILANS HEBDOMADAIRES DU 1ᵉʳ JUILLET 1926 AU 31 DÉCEMBRE 1927 (Suite)

DATES	Avances de la Banque de France à l'Etat		Billets en circulation	
	Montant	Limite légale	Montant	Limite légale
27 octobre 1927	24.850	32.000	54.700	59.271 (plus la contre-valeur des achats de devises)
3 novembre —	25.750	—	55.855	—
10 — —	25.350	—	55.909	—
17 — —	24.850	—	55.443	—
24 — —	24.450	—	54.962	—
1ᵉʳ décembre —	25.250	—	55.465	—
8 — —	25.000	—	56.233	—
15 — —	24.650	—	55.811	—
22 — —	24.550	—	55.806	—
29 — —	24.550	—	56.551	—
5 janvier 1928.	23.900	31.000	58.639	—
12 — —	23.800	—	58.160	—
19 — —	23.500	—	57.591	—
26 — —	23.500	—	57.128	—

VIII. — COURS MOYEN MENSUEL DE LA LIVRE STERLING ET DU DOLLAR SUR LE MARCHÉ DE PARIS

Mois	Livre	Dollar
1926 Janvier	128,799	26,51
Février	132,396	27,23
Mars	135,816	27,94
Avril	143,687	29,56
Mai	155,063	31,92
Juin	165,923	34,12
Juillet	199,039 (¹)	40,95 (²)
Août	172,10	35,41
Septembre	170,063	35,04
Octobre	165,555	34,13
Novembre	141,172	29,13
Décembre	122,856	25,32
1927 Janvier	122,5750	25,258
Février	123,6150	25,485
Mars	124,0413	25,551
Avril	124,0219	25,533
Mai	124,0183	25,530
Juin	124,0217	25,539
Juillet	124,0356	25,547
Août	124,0265	25,517
Septembre	124,0213	25,499
Octobre	124,0563	25,474
Novembre	124,0391	25,448
Décembre	124,0216	25,400

(1) Cours maximum de la livre (20 juillet 1926) : 240,25
(2)   —   du dollar (—   ) : 49,22.

(Établi par la Statistique Générale de la France)

Mois	Prix de gros de 45 marchandises	Prix de détail de 13 articles (250 villes)	Paris
Janvier 1926.	647	—	480
Février —	649	503	495
Mars —	645	—	497
Avril —	664	—	503
Mai —	702	523	522
Juin —	754	—	544
Juillet —	854	—	574
Août —	785	610	587
Septembre —	804	—	590
Octobre —	768	—	624
Novembre —	698	647	628
Décembre —	640	—	599
Janvier 1927.	635	—	592
Février —	645	586	585
Mars —	655	—	581
Avril —	650	—	580
Mai —	612	572	589
Juin —	636	—	580
Juillet —	633	...	557
Août —	631	553	539
Septembre —	613	—	532
Octobre —	600	. .	520
Novembre —	607	526	500
Décembre —	617	—	523

X. — COMMERCE EXTÉRIEUR DE LA FRANCE

(Commerce spécial)

ANNÉES ET MOIS	Importations		Exportations		Balance commerciale	
	Quantités (milliers de tonnes)	Valeurs (millions de francs)	Quantités (milliers de tonnes)	Valeurs (millions de francs)	Excédent des exportations (millions de francs)	Excédent des importations (millions de francs)
1926						
Janvier	3.613	4.497	2.267	3.859	—	638
Février	4.124	5.058	2.730	4.423	—	635
Mars	4.064	5.257	2.910	4.976	—	281
Avril	4.087	4.946	2.648	4.347	—	589
Mai	3.751	4.430	2.628	4.460	30	—
Juin	3.764	5.230	2.762	4.688	—	542
Juillet	3.577	4.909	2.880	5.284	375	—
Août	3.900	5.312	2.859	5.563	251	—
Septembre	3.648	4.621	2.638	5.177	556	—
Octobre	3.405	5.077	2.672	6.142	1.065	—
Novembre	3.472	4.975	2.699	5.388	413	—
Décembre	3.989	5.286	2.856	5.371	85	—
Totaux pour 1926	45.394	59.598	32.549	59.678	2.775	2.695

Excédent des Export.
80 millions de francs.

ANNÉES ET MOIS	Importations		Exportations		Balance commerciale	
	Quantités	Valeurs	Quantités	Valeurs	Excédent des exportations	Excédent des importations
1927						
Janvier	4.064	4.079	2.791	4.709	630	—
Février	4.780	4.780	3.209	4.597	—	183
Mars	4.363	4.414	2.952	4.694	280	—
Avril	4.333	4.298	2.836	4.255	—	43
Mai	4.610	4.989	3.385	4.281	—	708
Juin	3.906	4.558	3.159	4.417	—	141
Juillet	3.654	4.068	3.302	4.499	431	—
Août	4.215	3.771	3.061	4.287	516	—
Septembre	3.621	3.572	3.340	4.545	973	—
Octobre	4.095	4.476	3.377	5.050	574	—
Novembre	3.810	4.632	3.216	4.871	239	—
Décembre	3.908	5.216	3.423	5.020	—	196
Totaux pour 1927	49.359	52.853	38.051	55.225	3.643	1.271

Excédent des Export.
2.372 millions de fr.

XI. — VARIATIONS DU TAUX DE L'ESCOMPTE
ET DES AVANCES SUR TITRES DE LA BANQUE DE FRANCE

Dates	Taux de l'escompte	Taux des avances sur titres
1er janvier 1926	6 % (depuis le 9 juillet 1925)	8 % (depuis le 11 septembre 1924)
31 juillet 1926.	7 1/2 %	9 1/2 %
16 décembre 1926	6 1/2 %	8 1/2 %
3 février 1927	5 1/2 %	8 %
17 février 1927	—	7 %
14 avril 1927	5 %	6 %
29 décembre 1927.	4 %	—
19 janvier 1928	3 1/2 %	5 1/2 %

XII. — OFFICES PUBLICS DE PLACEMENT — DEMANDES NON SATISFAITES

(Y compris les chômeurs secourus)

Mois	1926	1927
Janvier	12.650	36.367
Février	11.705	92.911 (maximum)
Mars	11.070	88.914
Avril	9.565	73.026
Mai	9.205	56.402
Juin	8.961	37.040
Juillet	7.756	30.185
Août	7.807	28.540
Septembre	9.800	27.696
Octobre	11.899	25.817
Novembre	14.659	26.587
Décembre	20.618	27.603

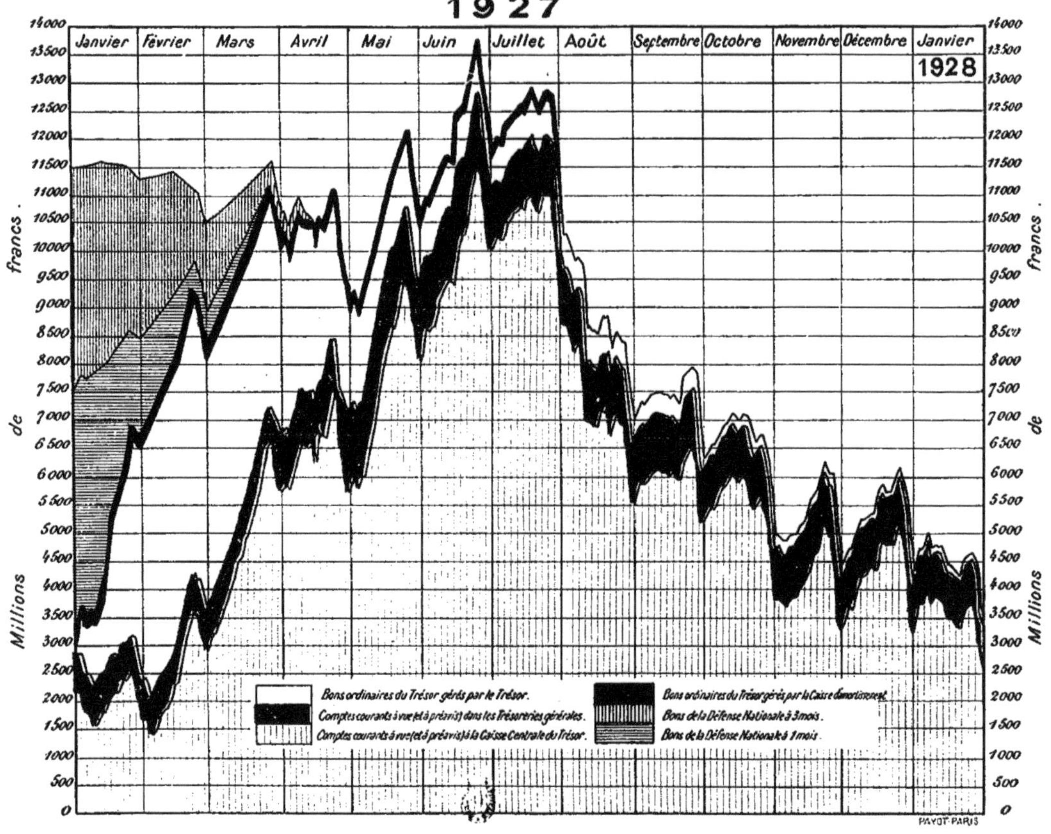

Dépôts en Comptes-courants et Bons à très court terme.
1927
1928
Janvier
Février
Mars
Avril
Mai
Juin
Juillet
Août
Septembre
Octobre
Novembre
Décembre
Janvier
francs .
de
Millions
francs .
de
Millions
14000
13500
13000
12500
12000
11500
11000
10500
10000
9500
9000
8500
8000
7500
7000
6500
6000
5500
5000
4500
4000
3500
3000
2500
2000
1500
1000
500
0
Bons ordinaires du Trésor gérés par le Trésor.
Comptes courants à vue (et à préavis) dans les Trésoreries générales.
Comptes courants à vue (et à préavis) à la Caisse Centrale du Trésor.
Bons ordinaires du Trésor gérés par la Caisse d'amortissement.
Bons de la Défense Nationale à 3 mois.
Bons de la Défense Nationale à 1 mois.
PAYOT-PARIS

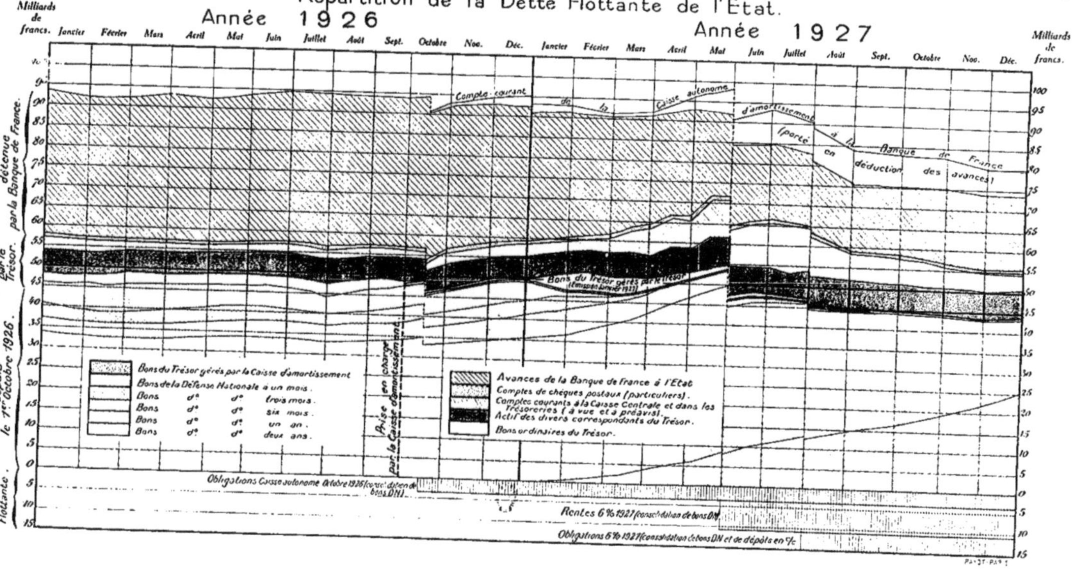

Répartition de la Dette Flottante de l'Etat.
Année 1926
Année 1927
Milliards de francs.
Milliards de francs.
Janvier Février Mars Avril Mai Juin Juillet Août Sept. Octobre Nov. Déc. Janvier Février Mars Avril Mai Juin Juillet Août Sept. Octobre Nov. Déc.
Fraction détenue par la Banque de France.
gérée par le Trésor.
Dette Flottante depuis le 1er Octobre 1926.
Compte courant de la Caisse autonome d'amortissement (porté à la Banque de France en déduction des avances)
Bons du Trésor gérés par le Trésor (émission Janvier 1927)
Prise en charge par la Caisse d'amortissement.
Bons du Trésor gérés par la Caisse d'amortissement.
Bons de la Défense Nationale à un mois.
Bons d°. d°. trois mois.
Bons d°. d°. six mois.
Bons d°. d°. un an.
Bons d°. d°. deux ans.
Avances de la Banque de France à l'Etat
Comptes de chèques postaux (particuliers).
Comptes courants à la Caisse Centrale et dans les Trésoreries (à vue et à préavis).
Actif des divers correspondants du Trésor.
Bons ordinaires du Trésor.
Obligations Caisse autonome Octobre 1926 (souscrites en bons DN).
Rentes 6% 1927 (consolidation de bons DN)
Obligations 6% 1927 (consolidation de bons DN et de dépôts en c/c)
1
10

TABLE DES MATIÈRES

Pages

ANNEXES